Reinhard Hirtler

Leben ohne Begrenzungen

Erlebe den Neuen Bund in der Praxis

Aufbruch-Verlag

Titel der Originalausgabe:
Live Without Limits

Waidmannsluster Damm 7 c-e
13507 Berlin
Tel.: 030 / 85 79 19 444
E-Mail: info@gadwmedien.de

1. Auflage 2018
Übersetzung aus dem Englischen: Gabriele Puchner
Satz: Aufbruch-Verlag
Coverdesign: Tobias Martin
Druck: Printgroup Sp. z o.o.
ISBN: 978-3-926395-88-7

Brazilian Kids Kare

Reinhard und Debi Hirtler sahen die große Not der vielen armen Kinder in Brasilien, die teilweise auf der Straße leben müssen. Als sie dieses furchtbare Leid sahen, brach es ihnen das Herz. Vier Monate lang weinte Reinhard jeden Tag um die Leben dieser Millionen von armen Kindern. Mädchen, die sich bereits mit sieben Jahren prostituieren, da sie nichts zum Essen haben, sowie Kinder, die täglich missbraucht werden, raubten ihnen den Schlaf.

Im Jahr 2015 entschieden sie sich, etwas dagegen zu unternehmen. Sie gründeten einen gemeinnützigen Verein und begannen mit der Arbeit, diesen armen Kindern Hoffnung zu geben. Inzwischen haben sie bereits drei Häuser gekauft. Davon ist eins ein Waisenhaus mit zurzeit 44 Kindern. Die anderen beiden sind Tageskinderstätten mit etwa 170 Kindern für die Ärmsten der Armen dieser Kinder. Ihr Ziel ist es, 100 Waisenhäuser in Brasilien zu gründen. Jeder Cent des Gewinns, den der Autor durch dieses Buch hat, kommt dieser Arbeit zugute.

Sie können diese Arbeit unter „www.braziliankidskare.org“ sehen.

Inhaltsverzeichnis

Einführung

Mein letztes Buch – Leben aus der Fülle des Neuen Bundes – hat vieler Leben kraftvoll verändert. Wenn du es nicht gelesen hast, würde ich dir empfehlen, das noch vor der Lektüre dieses Buches nachzuholen, das ich nicht schreibe, um damit Geld zu verdienen, sondern um es zu einem Segen für Gottes Volk werden zu lassen. Ich glaube, dass du – ohne das Buch „Das Leben aus der Fülle des Neuen Bundes" gelesen zu haben – dieses Buch nicht wirklich genießen, verstehen oder wirklich ausschöpfen kannst. Tatsächlich wirst du einige der Dinge die ich hier sage, unmöglich verstehen können, wenn du nicht ein klares Verständnis des Neuen Bundes hast, den Gott mit uns durch Christus geschlossen hat. Weil ich dich liebe, möchte ich nicht, dass du das volle Potential dieses Buches verpasst.

Nachdem ich begonnen hatte, über den Neuen Bund zu lehren und Menschen meine Predigten auf youTube hörten und das Buch lasen, bekam ich mehr feedback zu diesen Botschaften als auf alles, das ich je zuvor geschrieben oder gepredigt hatte. Ich erkannte, dass das Denken des Alten Bundes so tief in den Herzen und Köpfen des Volkes Gottes wurzelte, dass sie nun verwirrt waren darüber, wie sie diese Lehre praktisch umsetzen sollten.

Es gibt zwei Gründe für die Verwirrung der Menschen. Erstens haben die meisten Christen ihr gesamtes Leben so sehr in einer Version der Vermischung der zwei Bünde gelebt, dass es sich nun falsch anfühlt, völlig im Neuen Bund zu leben. Der zweite Grund ist, dass der Neue Bund so radikal ist und alles in unserem Leben verändert – und Veränderung ist gewöhnlich schwierig und oft drastisch.

Der Zweck dieses Buches ist es nicht, dich über den Neuen Bund zu lehren, sondern darüber, wie du praktisch darin leben kannst und alle Vorteile daraus genießen kannst. Ich wage es nicht, jemanden zu verurteilen, der nicht völlig im Neuen Bund lebt, habe ich doch selbst viele Jahre meines Lebens in einer Mischung beider Bünde gelebt. Ich wuchs in einer Gemeinde mit wundervollen Menschen auf, die Gott wahrhaftig liebten, und doch war die Basis ihrer Beziehung zu Gott Religion und das Gesetz.

Ich glaube wirklich, dass das Christenleben ohne Begrenzungen sein sollte. Den Neuen Bund zu verstehen und zu praktizieren wird die Begrenzungen von unserem Leben entfernen, die andere oder wir selbst uns auferlegt haben. Ich betrachte auch mich nicht als jemanden, der diese Ebene der Freiheit ohne Begrenzungen bereits vollständig erreicht hat, aber mein Herz hungert danach, dies völlig zu erfahren. Ich werde Grenzen niederreissen bis zu dem Tag, an dem Jesus zurückkehrt, und ich werde mich vollkommen von seiner Gnade abhängig machen.

In diesem Buch spreche ich auch verwirrende Themen wie Beten und Fasten im Neuen Bund an. Diese Lehren mögen euch anfangs widersprüchlich erscheinen, weil im Neuen Bund alles so radikal anders ist. Wie auch immer, ich glaube, wenn du diese Wahrheiten ergreifst und sie beständig in deinem Leben umsetzt, wirst du beginnen, ein Leben ohne Begrenzungen zu leben. Ich bitte dich, dieses Buch betend zu lesen und den Heiligen Geist zu bitten, dir jedesmal beim Lesen die Augen zu öffnen. Es geht hier nicht um deinen Verstand oder um mehr Wissen; es geht um eine radikale Verwandlung deines Lebens. Bitte bedenke, dass Gott oftmals den Verstand herausfordert, um das Herz zu offenbaren.

Kapitel 1

Ist es vollbracht?

Ich beginne dieses Kapitel absichtlich mit einer Frage. Die offensichtliche Antwort auf obige Frage lautet: „Ja. Nachdem Jesus es so gesagt hat, muss es vollbracht sein.“ Es geht mir weniger um die mentale Übereinstimmung oder Ablehnung in dieser Frage, ob es nun vollbracht sei, sondern darum, ob das nun deine tägliche Erfahrung ist oder nicht. In den letzten vier Jahrzehnten, in denen ich in vielen Nationen dieser Welt gedient habe, kam ich zur traurigen Gewissheit, dass die Mehrheit der Christen ihr Leben nicht so lebt, als sei es wirklich vollbracht. Ich nehme an du verstehst, dass, wenn wir sagen *„Es ist vollbracht“*, wir uns auf die Worte Jesu am Kreuz beziehen, wie sie in Johannes 19,30 geschrieben stehen.

> *Als nun Jesus den Essig genommen hatte, sprach er: Es ist vollbracht! Und er neigte das Haupt und übergab den Geist.*

Wenn diese Worte wahr sind und es wirklich vollbracht ist, dann muss das jeden einzelnen Bereich deines Lebens beeinflussen. Es beeinflusst die Art wie du betest, glaubst, dich selbst siehst, mit Menschen umgehst usw. Und wenn diese Worte wahr sind, dann bedeutet das, dass wir diesem vollkommenen Werk des Kreuzes nichts hinzufügen können. Das heißt auch, dass kein bisschen unserer Errettung von uns abhängt, außer dass wir es durch Glauben ergreifen müssen.

Nichts kann hinzugefügt werden

Lass mich dir ein praktisches Beispiel geben. Glaubst du, dass Gott dich finanziell nur dann segnen wird, wenn du seiner Gemeinde oder seinem Reich etwas gibst? Wenn das so ist, dann hast du dem vollendeten Werk am Kreuz etwas hinzugefügt und in deiner Erfahrung ist es nicht vollbracht. Ich glaube fest daran, dass es sehr wichtig ist, großzügig zu geben, aber Gott wird uns nicht segnen, weil wir großzügig geben. Wir können das auf jeden Bereich unseres Lebens anwenden. Genau deswegen habe ich dieses Buch mit einer Frage begonnen. Die Worte des Apostels Paulus in Epheser 2,8-9 bringen es wunderschön auf den Punkt, wenn er sagt:

> *Denn aus Gnade seid ihr errettet durch den Glauben, und das nicht aus euch - Gottes Gabe ist es; nicht aus Werken, damit niemand sich rühme.*

Wenn wir unserer Errettung irgendetwas hinzufügen, dann ist es nicht mehr aus Gnade, sondern wir würden uns dann unser selbst rühmen können, weil wir unserer Errettung nachgeholfen haben. Gnade ist ein unverdientes Geschenk und es gibt nichts, das wir dem hinzufügen können, sonst wäre es keine Gnade mehr. Paulus drückt das in 1. Korinther 1,27-29 ganz wunderbar aus:

> *Sondern das Törichte der Welt hat Gott erwählt, um die Weisen zuschanden zu machen, und das Schwache der Welt hat Gott erwählt, um das Starke zuschanden zu machen; und das Unedle der Welt und das Verachtete hat Gott erwählt, und das, was nichts ist, damit er zunichtemache, was etwas ist, damit sich vor ihm kein Fleisch rühme.*

Vers 29 sagt uns, dass kein Fleisch sich in seiner Gegenwart rühme, weil es wirklich vollbracht ist, und das Werk des Kreuzes ist absolut vollkommen.

Wenn wir vor unserem geliebten Erretter stehen, der solch ein teures und perfektes Werk am Kreuz vollbrachte, dann werden wir freudig unsere Kronen vor seine Füße werfen und erkennen, dass all unsere Erfolge - wenn sie irgendeinen ewigen Wert haben - allein aus Glauben in das vollendete Werk kommen. Wenn wir in der Gemeinde so viel prahlen über die Erfolge diverser Dienste und das Lob, das an Menschen ergeht, sehen, dann frage ich mich, ob die Menschen wirklich glauben, dass es wahrhaftig vollbracht ist.

Wenn wir zurückgehen zu Epheser 2,8-9 dann müssen wir verstehen, dass Errettung nicht nur bedeutet, dass wir in den Himmel kommen, weil unsere Sünden vergeben sind. Wenn wir die Bibel studieren, wird schnell klar, dass das vollendete Werk am Kreuz die Heilung unserer Körper und Seelen beinhaltet, Wiederherstellung unserer Gebrochenheit, Schutz vor dem Feind, materiellen Wohlstand und viele andere Dinge. Bitte wirf einen ehrlichen Blick auf dein Leben und mache Inventur, um zu sehen, ob - in deiner täglichen Erfahrung - das Werk des Kreuzes wirklich vollbracht ist. Strahlt dein Leben Frieden, Freude, Versorgung und die Sicherheit bedingungsloser Akzeptanz, Gesundheit und Sieg aus? Sind sie Teil deines täglichen Lebens oder stattdessen Stress, Mangel, Krankheit, Gebrochenheit und Ängste? Wenn dem so ist, dann, in aller Ehrlichkeit, musst du mit hunderten Millionen anderer Christen weltweit die Fragen „Ist es vollbracht?“ mit „Nein“ beantworten. Nicht, dass das Werk des Kreuzes nicht vollendet ist, aber in der Erfahrung deines täglichen Lebens ist es nicht vollbracht.

Die Zukunft hat bereits begonnen

Wenn wir das vollendete Werk des Kreuzes wirklich glauben und es erfahrungsgemäß leben, müssen wir aufhören zu erwarten, dass Gott in der Zukunft Wunder für uns tut. Wie ich in meinem Buch über den Neuen Bund erklärt habe, ist es wesentlich, die Bibel in der Grammatik zu lesen, in der sie geschrieben ist, um ein Leben ohne Begrenzungen zu führen. Die Dinge, die Gott als bereits geschehen erklärt hat, sollten wir nicht in die Zukunft verlagern. Kürzlich habe ich eine Audiobotschaft von einer lieben Freundin erhalten, deren Ehemann sehr krank ist und seit vielen Jahren leidet. Sie haben sich schließlich dazu entschieden, Gott für eine Wunderheilung zu vertrauen. Sie sagte mir, dass sie nun wirklich glaubt, dass Jesus ihren Mann eines Tages heilen wird. Das hört sich wunderbar an, bringt aber selten das gewünschte Resultat, da das Wunder in der Zukunft bleibt.

Dieses Konzept des Wartens auf unser Wunder ist ein Konzept des Alten Bundes und legt unserem Leben Begrenzungen auf, die Gott niemals beabsichtigte. Mit jedem Tag, an dem das Wunder nicht eintrifft und wir uns selbst zu überzeugen suchen, dass morgen unser Tag sein wird, werden unsere Herzen mehr frustriert und enttäuscht. Wir versuchen ständig, etwas zu erreichen, das in Wahrheit bereits geschehen ist. Die Zukunft, die alles beinhaltet, das du jemals brauchen wirst, hat bereits vor 2000 Jahren begonnen. Die geistliche Welt ist eine ewige Welt, ohne Anfang oder Ende. Sie ist nicht durch Zeit begrenzt.

Während wir lernen, alle Begrenzungen von unserem Leben zu entfernen, müssen wir lernen aufzuhören, für unser erwünschtes Wunder in die Zukunft zu blicken, sondern vielmehr in die Vergangenheit und auf das vollendete Werk am Kreuz vor 2000 Jahren. Oftmals beginnen Christen ihr Leben an einem Punkt begrenzter Errettung, der nur die Vergebung der Sünden und die Garantie des Himmels beinhaltet anstatt allem, das Christus bereits für sie getan hat. Über Jahrzehnte ihres Christenlebens machen sie nur langsame Fortschritte während sie hart daran arbeiten, Sünde zu überwinden, Gott zu vertrauen und reife Christen zu werden. Von Anfang an werden sie gelehrt, dass all diese Dinge in der Zukunft liegen und dass sie sie erwerben müssen. Solch ein Glaubenssystem ist eine Missachtung des vollendeten Werkes am Kreuz. Unsere Zukunft hat bereits vor 2000 Jahren begonnen und alles, was wir lernen müssen, ist, wie man durch Glauben darin lebt. Erlaube mir, dies durch eine wohlbekannte Schriftstelle aus Jesaja 53,5 zu verdeutlichen:

> *Doch er wurde um unserer Übertretungen willen durchbohrt, wegen unserer Missetaten zerschlagen; die Strafe lag auf ihm, damit wir Frieden hätten, und durch seine Wunden sind wir geheilt worden.*

Einige Bibelübersetzungen verlegen den Vers über Heilung in die Vergangenheit, während andere ihn in der Gegenwartsform schreiben. In meiner Recherche zur ursprünglichen Grammatik fand ich es als vollendete Tat geschrieben, daher müssen unsere Herzen es als eine abgeschlossene Sache umarmen, denn die Zukunft (welche das Heilungswunder ist, auf das du wartest) hat schon vor langer Zeit begonnen und ist eine fertige Sache. Es gibt nichts, was Gott noch tun muss. Wir müssen die Begrenzungen abweisen, die der Unglaube uns auferlegt.

Jesus selbst hat dieselbe Schriftstelle in einem interessanten Zusammenhang in Matthäus 8,16-17 zitiert:

> *Als es aber Abend geworden war, brachten sie viele Besessene zu ihm, und er trieb die Geister aus mit einem Wort und heilte alle Kranken, damit erfüllt würde, was durch den Propheten Jesaja gesagt ist, der spricht: „Er hat unsere Gebrechen weggenommen und unsere Krankheiten getragen."*

Jesus ging umher und heilte jeden, der krank war, um zu zeigen, dass diese Prophezeiung sich erfüllte. Wenn wir zu 1. Petrus 2,24 gehen, sehen wir, dass Petrus denselben Vers zitiert und ihn ganz klar in die Vergangenheit rückt:

> *Er hat unsere Sünden selbst an seinem Leib getragen auf dem Holz, damit wir, den Sünden gestorben, der Gerechtigkeit leben mögen; durch seine Wunden seid ihr heil geworden.*

Ich möchte, dass du diese Wahrheit wirklich im Herzen ergreifst. Jesaja der Prophet sagte voraus, was geschehen würde. Jesus hat es vor 2000 Jahren erfüllt und nun schauen wir zurück und genießen die Wohltaten. Hier sehen wir also, wie Vergangenheit, Gegenwart und Zukunft zusammenkommen. Die Zukunft deines Wunders hat in Wirklichkeit begonnen, als sie vor Tausenden von Jahren durch Jesaja prophezeit wurde. Vor zweitausend Jahren, durch das Leben und Sterben von Jesus, wurde es tatsächlich erfüllt und von diesem Moment an hat es in der Tat dir gehört.

Bitte hör auf, in der Zukunft nach dem zu suchen, was Gott für dich tun soll. Das legt deinem Leben zu viele Begrenzungen auf. Vielmehr, schau zurück auf die mächtigen Worte, die Jesus ausrief: *„Es ist vollbracht!“* Von diesem Zeitpunkt an wurde deine Zukunft in deine Gegenwart verlegt. Wir sind nicht nur gefährdet, uns selbst zu limitieren, sondern legen sogar Gott Begrenzungen auf, der allmächtig ist, wenn wir diese Wahrheiten nicht verstehen. Der Psalmist sagt uns in Psalm 78,41:

Und sie versuchten Gott immer wieder und bekümmerten den Heiligen Israels

Dieser Vers sollte eine heilige Furcht vor Gott in unsere Herzen legen. Wie kann der unbegrenzte Gott limitiert sein?

Obwohl er all-mächtig ist, hängt das, was wir von seinem Wirken in unserem Leben erfahren, nicht von ihm, sondern von uns ab. Er hat bereits entschieden, uns ein überfließend gesegnetes Leben zu geben, in dem wir alle Vorteile seiner Güte genießen dürfen. Wir sind diejenigen, die ihn durch unsere Traditionen, unser natürliches Denken - welches der nicht erneuerte Sinn ist - und durch den Unglauben in unserem Herzen einschränken.

Wenn es in unserem Herzen festgeschrieben steht, dass das Werk des Kreuzes wahrhaftig vollendet ist, dann muss sich das in jedem Bereich unseres Lebens manifestieren. Es muss unser tiefes Verlangen sein, ein Leben zu leben, dass radikal das vollendete Werk zur Verherrlichung unseres Herrn ausdrückt, der einen so hohen Preis dafür bezahlt hat. Wir müssen lernen, erlittene Enttäuschungen zu überwinden. Ich sehe, dass Christen oftmals in Hoffnung anstatt in biblischem Glauben leben, den wir brauchen, um das vollendete Werk des Kreuzes völlig erfahren zu können. Sie machen einen großen Rummel um die Träume, denen sie nachjagen. Sie sagen sich selbst, dass sie glauben, wenn es in Wirklichkeit keine Basis für ihren Glauben gibt. Sie leben in ständiger Hoffnung und werden am Ende doch enttäuscht. Nur das geschriebene Wort Gottes und das vollbrachte Werk ist die wahre Grundlage für unseren Glauben. Wenn Jesus dafür nicht bezahlt hat, können wir nicht wirklich dafür glauben und werden es auch nicht erfahren.

Kapitel 2

Der Schleier ist zerrissen

Ich habe Christen oft um einen offenen Himmel beten hören. Sie verwenden Konzepte des Alten Testaments wie „Zerreiße den Himmel und komm herunter, oh Herr." Sie sprechen über bestimmte Gebiete oder Länder, wo der Himmel offener sein soll als an anderen Orten. Sie sprechen über einige Länder, die unter einem verschlossenen Himmel seien. Nach meinem Verständnis ist das eine schreckliche Annahme und verleugnet das vollendete Werk des Kreuzes. Im kommunistischen China - wo Christen fürchterlich verfolgt und gequält werden, ja sogar den Märtyrertod sterben - könnte man annehmen, einen verschlossenen Himmel zu finden. Wie auch immer, als dieses kommunistische Land begann, sich der westlichen Welt zu öffnen, kamen viele lebendige Christen hervor. Ein Missiologe (Jemand, der Missionen studiert) sagte, dass 20 und mehr Prozent der Bevölkerung in China lebendige Christen seien. Wenn die Himmel wirklich verschlossen wären, wie könnte dann so ein gewaltiges Wirken Gottes möglich sein? Ich weiß, dass manche Menschen dem Evangelium gegenüber offener sind als andere, aber das hat nichts mit einem offenen oder verschlossenen Himmel zu tun.

In den 80er Jahren bin ich immer wieder in kommunistische Länder gereist, die für das Evangelium geschlossen waren. In den Köpfen vieler Christen im Westen sind die Himmel über diesen Ländern verschlossen. Überraschenderweise fanden wir einige große Gemeinden mit radikal hingegebenen Christen dort, die Christus furchtlos nachfolgten. Wenn wir die Annahme akzeptieren, dass es Orte gibt, an denen der Himmel noch nicht offen ist, dann legen wir unserem Leben schreckliche Begrenzungen auf. Wie der Titel dieses Buches bereits sagt, gibt es keine Begrenzungen. Wir müssen die Überzeugung umarmen, dass die Himmel offen sind.

Wenn das Werk des Kreuzes wirklich beendet ist, dann wurden beim Ausruf der Worte Jesu *„Es ist vollbracht!"* die Himmel aufgerissen und sind seither offen geblieben. Von diesem Moment der Zeitgeschichte an hat jedes Kind Gottes absolut freien Zugang zum Himmel und der Gegenwart Gottes, und zwar ständig. Jeder Christ lebt unter einem offenen Himmel, ob er es glaubt oder nicht. Die biblische Wahrheit ist absolut und endgültig, ob wir dies als Realität erleben, das ist eine andere Geschichte.

Diejenigen, die sie erleben, sind solche, die diese Wahrheit durch ihren unnachgiebigen Glauben ergriffen haben. Wie 1. Korinther 4,20 uns sagt:

> *Denn das Reich Gottes besteht nicht in Worten, sondern in Kraft!*

Diejenigen Christen, die das nicht glauben, zimmern sich oft eine Theologie für ihren mangelnden Glauben zurecht, was nicht nur sehr gefährlich sondern auch zerstörerisch ist. Es gibt zwei Dinge, die uns der Erfahrung, unter einem ständig offenen Himmel zu leben, berauben wollen, - Mangel an Wissen und Unglaube. Nur weil wir keine diesbezüglichen Erlebnisse haben, heißt das nicht, dass wir biblische Wahrheiten verändern können. Zum Beispiel können wir nicht eine Theologie entwickeln, die uns sagt, dass Gott nicht immer jeden heilen will, nur weil das unsere Erfahrung ist. Wir müssen uns darum bemühen, unsere Erfahrung mit dem Wort Gottes in Einklang zu bringen.

Du kannst ein Multimillionär sein, aber wenn du nicht weißt, dass das Geld auf deinem Konto ist, kannst du zu Tode hungern, obwohl du reich bist. Ich kann dir eine Million Riels in bar geben, aber wenn du nicht glaubst, dass das Geld echt, sondern eine Fälschung ist, wirst du nicht im vollen Vertrauen damit einkaufen gehen. Ich habe in einigen sehr dunklen Orten dieser Welt gedient, wo Unterdrückung stark spürbar war und die Himmel verschlossen schienen. Durch Glauben habe ich auf den Himmel zugegriffen und ihn auf die Erde gebracht.

Im Jahr 2005 haben meine Frau Debi und ich in Österreich gedient. Die Menschen kamen aus verschiedenen Gemeinden und Denominationen, einige von eher religiösem Hintergrund, und versammelten sich, um uns zu hören. Als wir zur Versammlung gingen, sagte ich zu Debi: „ Wenn ich mit der Predigt fertig bin, werden wir beide diesen Menschen prophetisch dienen.“ Zu dieser Zeit lebten wir nicht mehr in Österreich, sondern in den USA, und waren Teil einer Bewegung, die für ihren starken prophetischen Dienst bekannt war. Wir lebten in einer kleinen Stadt, wohin viele Christen absichtlich zogen, weil dieses Gebiet dafür bekannt war, unter einem offenen Himmel zu sein. Debi war an die Atmosphäre bei den Versammlungen in den USA gewöhnt und mochte sie, im Gegensatz zu der eher bedrückenden Atmosphäre hier im Österreichischen. Als die Zeit gekommen war, um prophetisch zu dienen und ich meine Frau ermutigte zu prophezeien, sagte sie mir, dass es ihr unmöglich sei, prophetische Worte zu hören, weil der Himmel verschlossen sei. Ich sagte einfach: „Dann reiß ihn durch deinen Glauben auf!“

Ich habe dieselbe Bedrückung in dieser Versammlung gespürt wie sie, und als ich sagte: „Reiß ihn auf“, hatte ich schon verstanden, dass wir den Himmel nicht aufreißen können, denn er ist ja schon offen. Sie wusste daher, dass ich meinte, auf den für unser Gefühl verschlossenen Himmel durch Glauben zuzugreifen, da er ja in Wahrheit offen ist, und ihn auf der Erde freizusetzen. Als sie das tat, hat Gott sie wunderbar gebraucht, um über viele Menschen zu prophezeien.

Wann haben sich die Himmel geöffnet?

Als Jesus diese wichtigen Worte am Kreuz, „Es ist vollbracht“, sagte, wurden die Himmel aufgerissen und blieben offen. Alles, was du in der Bibel liest, muss durch diesen Vers gelesen und verstanden werden, einschließlich der Lehren Jesu. Die verschiedenen Evangelien geben uns verschiedene Aspekte und Blickwinkel der Kreuzigung und der letzten Momente Jesu. Lass uns zuerst nochmals Johannes 19,30 anschauen, das Evangelium in dem niedergeschrieben steht, dass Jesus ausrief: *„Es ist vollbracht!“*

> *Als nun Jesus den Essig genommen hatte, sprach er: Es ist vollbracht! Und er neigte das Haupt und übergab den Geist.*

Johannes sagt uns, dass Jesus diese Worte rief, seinen Kopf senkte und starb. Dann erzählt er uns weiter, dass seine Beine nicht gebrochen wurden, aber dass er mit einem Speer gestochen wurde und sein Körper beerdigt wurde.

Lass uns nun die Erzählung von Matthäus in Kapitel 27,50-51 anschauen:

> *Jesus aber schrie nochmals mit lauter Stimme und gab den Geist auf. Und siehe, der Vorhang im Tempel riss von oben bis unten entzwei, und die Erde erbebte, und die Felsen spalteten sich.*

Johannes erzählt uns, dass er rief und dann starb, gibt uns aber keinen Bericht darüber, was nachher geschah, während Matthäus ein klareres Bild zeichnet. Matthäus sagt uns nicht, was er ausgerufen hat, sondern nur, dass er etwas geschrien hat unmittelbar bevor Er starb. Beide Evangelien sagen uns, dass es letzte Worte Jesu gab, bevor er starb.

Lass uns nun den Bericht von Markus in Kapitel 15,37-38 anschauen:

> *Jesus aber stieß einen lauten Schrei aus und verschied. Und der Vorhang im Tempel riss von oben bis unten entzwei.*

Während alle drei Evangelium darin übereinstimmen, dass Jesus unmittelbar, nachdem er die letzten Worte ausgesprochen hatte, starb, berichten nur Matthäus und Markus davon, was unmittelbar danach geschah, nämlich dass der Schleier des Tempels von oben nach unten entzweigerissen wurde. Gott war derjenige, der seinem Volk abverlangt hatte, diesen Vorhang überhaupt zu konstruieren, um das Heilige vom Allerheiligsten zu trennen, als sie die Stiftshütte in 2. Mose 26,33 bauten:

> *Und hänge den Vorhang unter die Klammern. Und die Lade des Zeugnisses sollst du innerhalb des Vorhanges setzen; und der Vorhang soll für euch eine Scheidewand sein zwischen dem Heiligen und dem Allerheiligsten.*

Das Allerheiligste war der Ort, an dem sich die Gegenwart Gottes zeigte. Nur der Hohepriester durfte einmal im Jahr unter besonderen Bedingungen hineingehen. Es würde zu lange dauern, um eine Auslegung über dieses wundervolle Thema hier und jetzt zu bringen. Hebräer 6,19-20 sagt uns:

> *Diese Hoffnung halten wir fest als einen sicheren und festen Anker der Seele, der auch hineinreicht ins Innere, hinter den Vorhang, wohin Jesus als Vorläufer für uns eingegangen ist, der Hoherpriester in Ewigkeit geworden ist nach der Weise Melchisedeks.*

In Hebräer 9,24-25 lesen wir:

> *Denn nicht in ein mit Händen gemachtes Heiligtum, in eine Nachbildung des wahrhaftigen, ist der Christus eingegangen, sondern in den Himmel selbst, um jetzt für uns vor dem Angesicht Gottes zu erscheinen; auch nicht, um sich selbst oftmals als Opfer darzubringen, so wie der Hohepriester jedes Jahr ins Heiligtum hineingeht mit fremdem Blut.*

Wir können klar erkennen, dass das Allerheiligste ein Schatten (Typ) des Himmels selbst ist, wo Gott auf seinem Thron sitzt. Als daher der Vorhang zum Allerheiligsten zerrissen wurde, wurde auch der Himmel, der vorher ebenfalls verschlossen gewesen war, nun aufgerissen. Dieser Vorhang war geschätzte 18 Meter hoch, 9 Meter breit und 10 cm dick. Geschichtsschreiber und Gelehrte jenes Tages sagten, dass es 300 Priester brauchte, um ihn bloß ein wenig zu bewegen und dass nicht einmal ein Erdbeben den Schleier hätte zerreißen können.

Mein Herz möchte mir aus der Brust springen, wenn ich über diese wunderbare Wahrheit nachdenke - als Jesus ausrief: „Es ist vollbracht!“, hat Gott selbst den dicken Vorhang von oben nach unten zerrissen, was bedeutete, dass der Weg in den Himmel für jedermann offen sei. Gottes Gegenwart ist nun für dich und mich frei zugänglich, weil die Himmel aufgerissen wurden. Es ist interessant, dass der Vorhang nicht von unten nach oben zerriss, wie es der Fall gewesen wäre, wenn Menschen versucht hätten, ihn zu zerreißen. Gott hat vom Himmel heruntergegriffen und ihn selbst von oben nach unten entzweigerissen.

Zwei wichtige Dinge

Zwei äußerst wichtige Dinge geschahen, als der Vorhang zerrissen wurde. Erstens sind nun die Engel Gottes beständig für uns verfügbar. Lass uns dazu Johannes 1,43-51 lesen:

> *Am folgenden Tag wollte Jesus nach Galiläa reisen; da findet er Philippus und spricht zu ihm: Folge mir nach! Philippus aber war von Bethsaida, aus der Stadt des Andreas und Petrus. Philippus findet den Nathanael und spricht zu ihm: Wir haben den gefunden, von welchem Mose im Gesetz und die Propheten geschrieben haben, Jesus, den Sohn Josephs, von Nazareth. Und Nathanael sprach zu ihm: Kann aus Nazareth etwas Gutes kommen? Philippus spricht zu ihm; Komm und sieh! Jesus sah den Nathanael auf sich zukommen und spricht von ihm: Siehe, wahrhaftig ein Israelit, in dem keine Falschheit ist! Nathanael spricht zu ihm: Woher kennst du mich? Jesus antwortete und sprach zu ihm: Ehe dich Philippus rief, als du unter dem Feigenbaum warst, sah ich dich! Nathanael antwortete und sprach zu ihm: Rabbi, du bist der Sohn Gottes, du bist der König von Israel! Jesus antwortete und sprach zu ihm: Du glaubst, weil ich dir sagte: Ich sah dich unter dem Feigenbaum? Du wirst Größeres sehen als das! Und er spricht zu ihm: wahrlich, wahrlich, ich sage euch: Künftig werdet ihr den Himmel offen sehen und die Engel Gottes auf- und niedersteigen auf den Sohn des Menschen!*

Jesus sagt in Vers 51, dass unter einem offenen Himmel die Engel auf- und niedersteigen würden auf den Sohn des Menschen. Nachdem wir nun die Söhne Gottes sind, bedeutet das, dass es beständig Engelsaktivitäten um uns gibt, die bereit sind, in den Himmel aufzusteigen und von dort alles zu uns zu bringen. Oft sagen mir Leute, dass sich das nur auf Jesus bezieht, aber ich stimme dem überhaupt nicht zu. Jesus hat einen Standard festgelegt dafür, wie wir unser Leben führen sollen. 1. Johannes 2,6 sagt uns:

> *Wer sagt, dass er in ihm bleibt, der ist verpflichtet, auch selbst so zu wandeln, wie jener gewandelt ist.*

Wenn wir so leben sollen wie Jesus, dann sollten wir auch die Engel miteinbeziehen, so wie er es tat, da wir ja so wie er auch unter einem geöffneten Himmel leben.

Das zweite wichtige Ereignis, das beim Zerreißen des Vorhanges geschah, war, dass wir nun Zugang zum Himmel haben. Jesus war im Himmel und auf der Erde zur selben Zeit. Lasst uns dazu Johannes 3,13 betrachten:

> *Und niemand ist hinaufgestiegen in den Himmel, außer dem, der aus dem Himmel herabgestiegen ist, dem Sohn des Menschen, der im Himmel ist.*

Jesus war eindeutig auf der Erde während er diese Worte zu Nikodemus sprach. Und doch sagte er, dass der Sohn des Menschen im Himmel ist. Wo war er in diesem Moment, auf der Erde oder im Himmel? Klarerweise war er an beiden Orten zur selben Zeit. In Johannes 14,3 gibt uns die Bibel noch einen Beweis dafür, dass Jesus an beiden Orten zur selben Zeit war:

> *Und wenn ich hingehe und euch eine Stätte bereite, so komme ich wieder und werde euch zu mir nehmen, damit auch ihr seid, wo ich bin.*

Auch hier sehen wir wieder, dass Jesus zur selben Zeit im Himmel und auf der Erde war. Wir müssen die Bibel in der richtigen Grammatik lesen, in der sie geschrieben wurde. Jesus sagte seinen Jüngern, während er auf der Erde weilte, dass Er in den Himmel gehen würde; dann sagt er ihnen, dass er eines Tages zurückkommen würde, um sie zu holen, nicht an den Ort, an dem er sein wird, sondern an den Ort, an dem er *ist*, also Gegenwart und jetzt. Das ist eine Wahrheit, die für viele Menschen schwer zu verstehen ist, aber öffne dein Herz und erlaube dem Herrn, dich über die Realität des Himmels zu lehren, der hier und jetzt ist.

Kapitel 3

Von innen, nicht von aussen

Nach der Lösung suchen

Der große Kirchenvater Augustinus sagte (ich interpretiere hier): „Herr, ich habe mich sorgenvoll darum bemüht, Dich im Außen zu suchen, wo Du doch nur in meinem Inneren gefunden werden kannst.“ Genauso wie ich das selbst viele Jahre tat, bevor ich die Vollmacht des Neuen Bundes und eines Lebens ohne Begrenzungen verstand, habe ich gesehen, dass Christen im Durchschnitt die Lösung ihrer Probleme im Außen suchen anstatt im Inneren.

Erlaube mir, dir das zu erklären. Wenn wir Weisheit für irgendeine Situation brauchen, gehen wir zu Menschen, um Rat zu holen, was bedeutet, dass wir die Lösung unseres Problems äußerlich suchen. Wenn wir dienen sollen, bitten wir Gott darum, eine Salbung freizusetzen, was ebenso bedeutet, dass wir im Außen nach einer Lösung des Problems suchen. In dem Moment, in dem du errettet wurdest, hat Gott Seine göttliche Natur in deinen Geist gelegt und Christus hat in dir Wohnung genommen, womit jede Lösung eines jeglichen Problems, das du hast oder jemals haben wirst, nun in dir drinnen ist. Du wurdest aus einem unvergänglichen Samen geboren. Alles, was du jemals brauchen wirst, um ein siegreiches, erfülltes, fruchtbares und erfolgreiches Leben zu führen, wurde bereits in dich hineingelegt.

Der Titel dieses Buches ist „Keine Begrenzungen“ weil ich wirklich glaube, dass - aus Gottes Sicht - es absolut keine Begrenzungen im Leben seiner Kinder gibt. Es war das, was Jesus uns in Johannes 14,12 sagte:

> *Wahrlich, wahrlich, ich sage euch: Wer an mich glaubt, der wird die Werke auch tun, die ich tue, und wird größere als diese tun, weil ich zu meinem Vater gehe.*

Da die Worte Jesu ja wahr sind, erhebt sich die Frage: „Warum ist das, was Jesus im Vers 12 sagte, die Erfahrung von so wenigen Christen überall auf der Welt, wenn es eigentlich jedermanns Erfahrung sein sollte?“ Die einfache Antwort lautet, dass wir uns selbst Einschränkungen auferlegen. Es ist Absicht, dass ich den Anfangsteil dieses Buches benutzte, um aufzuzeigen, was uns Grenzen setzt, damit wir sie später entfernen können und ein Leben im Sieg führen können. Die Lösung unserer Probleme im Außen, anstatt in unserem Inneren zu suchen ist eins der Dinge, die uns Begrenzungen auferlegen. Der große Apostel Johannes sagt uns in 1. Johannes 1,20:

> *Und ihr habt die Salbung von dem Heiligen und wisst alles.*

Zwei wichtige Dinge

Es gibt zwei Dinge in dem obigen Vers, von denen ich möchte, dass du sie beachtest. Das Hauptsächliche ist, dass wir bereits eine Salbung haben. Das bedeutet, all die Salbung, die wir brauchen, ist bereits in uns und wird niemals von außen kommen. Ich habe in den Jahrzehnten des Dienstes gelernt, dass, wenn es Zeit ist im Wort Gottes zu dienen, Wunder zu tun oder zu prophezeien, ich durch einfachen Glauben einfach nach innen schaue, darauf vertraue die Salbung zu haben und sie in diesen Momenten einfach freisetze.

Als ich noch jung war im Dienst und in meinem Heimatland Österreich Gemeinden gegründet habe, musste ich einige Male pro Woche predigen, da wir mehrere Gemeinden zur selben Zeit gegründet haben. Die Ansprüche und Erwartungen der Menschen waren hoch und ich habe mich unzulänglich und überwältigt gefühlt. Ich habe Stunden im Gebet verbraucht, leider auf die falsche Art und Weise, indem ich zu Gott schrie und bat, die Salbung zu verstärken. In einem dieser Momente intensiven Gebetes hat Gott klar zu meinem Herzen gesprochen, dass solche Gebete töricht seien und nichts bringen. An jenem Tag hat Er mich die Wahrheit darüber gelehrt, wie ich mich innerlich der Quelle der Salbung, Jesus, zuwenden kann. Durch einfachen Glauben habe ich begonnen dies anzuwenden, und der Stress meines Dienstes verschwand. Beginne einfach zu erklären und zu glauben, dass du bereits eine Salbung vom Heiligen hast und hör auf, sie dir von außen holen zu wollen.

Eine zusätzliche Sache, auf die ich dich aufmerksam machen will, ist, dass Gott sagte, wir wissen alle Dinge. Es ist fair zu fragen: „Wenn wir alle Dinge wissen, warum scheint es dann so, dass uns soviel Wissen fehlt?“ Ich glaube, dass die Antwort in der Tatsache zu finden ist, dass wir so daran gewöhnt sind, unser Leben unter dem Alten Bund zu führen und daher die falschen Dinge glauben. Wir wenden uns nach außen für Weisheit und Erkenntnis anstatt nach innen, wo Christus wohnt. Wir schenken Menschen Beachtung - besonders jenen, von denen wir glauben, dass sie eine besondere Salbung haben - und wollen, dass sie uns die Hände auflegen und für uns beten, um unsere Probleme zu lösen. Das wird nur in einem unreifen, schwachen Christenleben sowie vielen Enttäuschungen enden. Ich nenne es das fleischliche Christenleben.

Ich bin nicht dagegen, dass wir füreinander beten, da ich es ja selbst liebe, für meine Mitgeschwister zu beten. Grundsätzlich predige und diene ich Menschen mehrere Tage pro Woche das ganze Jahr über, überall auf der Welt. Ich habe viele dieser Zusammenkünfte mit Tränen in den Augen und Traurigkeit in meinem Herzen verlassen, da ich gerade die Lehre, dass die Quelle von allem, was wir brauchen, in uns liegt, beendet hatte, nur um daraufhin Schlangen von Menschen vorzufinden, die darauf warteten, dass ich ihnen die Hände auflegte und ihr Problem löste. Sie waren nicht gewillt, das gerade Gelernte in die Tat umzusetzen und mit Gott übereinzustimmen, sondern suchten weiter nach einer Lösung für ihre Probleme. Gott tut in seiner Güte und Gnade oft Wunder für diese kostbaren Menschen; aber wenn das nächste Problem auftaucht, sind sie wieder in tiefer Verzweiflung. Diese Haltung legt dem Volk Gottes große Einschränkungen auf.

Die Große Quelle

Es ist wichtig zu verstehen, was denn die Quelle von allem ist, die sich bereits in uns befindet. Kolosser 1,27 gibt uns die Antwort, wenn Gott sagt:

> *Ihnen wollte Gott bekannt machen, was der Reichtum der Herrlichkeit dieses Geheimnisses unter den Heiden ist, nämlich: Christus in euch, die Hoffnung der Herrlichkeit.*

Schau, wie einfach das Evangelium ist. Die Religion hat alles kompliziert gemacht. Die meisten Christen würden mir zustimmen, dass Christus die Antwort auf jedes ihrer Probleme ist, und ich würde sagen, dass das stimmt. Nachdem Christus die Antwort auf jedes Problem ist, das wir jemals haben werden, und Christus in uns lebt, warum wenden wir uns dann nach außen, um die Antwort zu finden? Sogar wenn wir zum Herrn beten und uns ihm zuwenden, machen Christen das oft auf religiöse Weise. Sie wenden sich ihm zu, als wäre er äußerlich und hoffen, dass Er kommen und sie berühren würde als Antwort auf ihr Gebet. Das legt unserem Leben Grenzen auf.

Ich erinnere mich an eine Versammlung in Polen vor vielen Jahren, wo der Pastor sagte: „Bitte, hebt alle eure Hände zum Herrn." Während ich beobachtete, wie jeder seine Hände gegen den Himmel erhob, habe ich meine Hände einfach auf mein Herz gelegt und gedacht: „Der Herr ist nicht irgendwo da oben, Er ist in mir." Wir müssen uns wirklich bemühen, um damit aufzuhören, mit dem Herrn so umzugehen als sei er äußerlich von uns.

Wir müssen damit aufhören, Lieder zu singen, die ungefähr so klingen: „Jesus bitte geh nicht an mir vorbei", oder „Jesus komm, ich brauch eine Berührung von dir" oder „Komm, Herr!." Nach einer wunderbaren Versammlung sagen Menschen oft: „Da war eine wunderbare Gegenwart Gottes in dem Gottesdienst." Ich verstehe, dass das ihre Erfahrung oder ihr Gefühl sein mag, aber lass mich dir verraten, dass ich das größte Gefühl seiner Gegenwart dann habe, wenn ich meine Augen schließe und mich nach innen wende. Ich kann an jedem Ort sein, zu jeder Zeit, sogar an geschäftigen, gottlosen Plätzen, aber wenn ich mich nach innen wende, dann bringe ich mich in Verbindung mit der Gegenwart Gottes.

Die Quelle des wahrhaftigen Lebens Gottes ist in dir drinnen. Du musst dich nirgendwo anders hinwenden. Da das eine Wahrheit ist, bist du fähig seine Stimme zu hören; du bist fähig, dich dauerhaft mit ihm zu verbinden und du bist fähig, sein Leben durch dich freizusetzen.

Vor vielen Jahren habe ich das Thema „Handauflegung in der Bibel" studiert. Es ist sehr interessant, dass Jesus, als er seinen Jüngern sagte, dass sie in seinem Namen den Kranken die Hände auflegen könnten und diese gesund werden würden, ihnen niemals auftrug, zu beten. Er befahl ihnen einfach, ihre Hände auf die Kranken zu legen. Es ist meine Überzeugung, dass, weil Christus in mir lebt und meine Hände die Kranken berühren, Christus selbst sie berührt. Und wenn Er das tut, muss Krankheit sich beugen. Es ist eine falsche Einstellung, zu glauben, dass Gott vom Himmel herniederkommt und ein Wunder tut, wenn wir den Kranken die Hände auflegen. Die Wahrheit ist, dass der Herr von innen heraus durch uns wirkt.

Lass den Fluss fließen

Jesus sagte uns in Johannes 7,38-39:

> *Wer an mich glaubt, wie die Schrift gesagt hat, aus dessen Leib werden Ströme lebendigen Wassers fließen. Das sagte er aber von dem Geist, den die empfangen sollten, welche an ihn glauben; denn der Heilige Geist war noch nicht da, weil Jesus noch nicht verherrlicht war.*

In dieser Bibelstelle wird uns gesagt, dass die Ströme lebendigen Wassers aus uns fließen werden. Es gibt durstige Menschen überall auf der Welt, die der Religion überdrüssig sind, aber durstig nach dem Leben Christi sind und sich danach sehnen, lebendiges Wasser zu trinken. Solange wir im Außen danach suchen, ihnen etwas zu trinken zu geben, wird es niemals geschehen. Jesus hat nicht gesagt: „Wer an mich glaubt, wird die Erfahrung machen, dass lebendiges Wasser aus ihm fließt", sondern er sagte: „Wer an mich glaubt, wie die Schrift gesagt hat ..."

Wenn die Schrift im Neuen Testament erwähnt wird, bezieht sich das immer auf das Alte Testament. Du kannst das gesamte Alte Testament durchsuchen und du wirst herausfinden, dass nirgends geschrieben steht, dass Ströme lebendigen Wassers aus uns fließen werden. Daher ist offensichtlich, dass die Aussage „wie die Schrift gesagt hat" sich nicht auf die Ströme lebendigen

Wassers beziehen, sondern auf den Glauben an Jesus. Wir müssen an Ihn glauben, genauso wie die Schrift sagt. Das gesamte Alte Testament weist auf Christus hin, der den Neuen Bund schließen und in seinem Volk leben wird.

Die geheimnisvolle Verbindung

Durch den Neuen Bund sind wir Eins mit dem Herrn geworden und sind jetzt unzertrennlich. Schau mal, was 1. Korinther 6,17 besagt:

Wer aber dem Herrn anhängt, ist ein Geist mit ihm.

Wenn wir wirklich eines Geistes mit dem Herrn sind und er in uns lebt, dann gibt es keine Einschränkungen mehr für unser Leben. Mein Herz sehnt sich danach, zu erleben, dass die christliche Gemeinde sich erhebt und tatsächlich in dieser Wahrheit lebt: Er und ich sind eins - absolut unzertrennlich. Sein Leben wurde zu meinem Leben; seine Gesundheit wurde meine Gesundheit; seine Reichtümer sind zu meinen Reichtümern geworden; seine Weisheit wurde zu meiner Weisheit und so weiter und so fort. All dies ist nicht äußerlich von uns, sondern IN uns.

Mit vielen wohlmeinenden Christen überall auf der Welt habe ich die Worte des Gebetes von Johannes dem Täufer viele Male gebetet, bis meine Augen geöffnet wurden. Hast du jemals das Gebet gesprochen: „Ich muss abnehmen, Er muss zunehmen"? Ich glaube, dass Christen dieses Gebet nicht sprechen sollten. Es war das Richtige für Johannes den Täufer, da seine Aufgabe darin bestand, den Weg für den Herrn zu bereiten. Der Zusammenhang ist sehr klar. Er hatte viele Jünger, aber dann kam Jesus, der noch viel mehr Nachfolger hatte als Johannes. Als Jesus auftauchte, musste Johannes sich zurückziehen, also abnehmen, damit Christus - für den er den Weg bereitet hatte

- zunehmen konnte. Wir sind weder Johannes der Täufer noch leben wir in einer Zeitspanne zwischen dem Alten und Neuen Testament. Heute lebt Christus in uns und ist vollkommen verbunden mit uns. Wenn wir abnehmen, dann wird er das auch, da wir eins sind mit Ihm. Denk über diese radikale Wahrheit nach und hör auf, deinem Leben Grenzen aufzuerlegen.

Kapitel 4

Sichtbar oder unsichtbar

In unserem natürlichen Menschen gibt es eine große verstandesmäßige Tendenz dazu, unsere Aufmerksamkeit darauf zu legen, was wir sehen können, anstatt auf das Unsichtbare und Ewige zu schauen. Die unsichtbare Welt ist absolut real, aber unglücklicherweise haben Christen oft mehr Glauben an das, was sie mit ihren natürlichen Augen sehen als daran, was sie nicht sehen können. Das legt uns große Einschränkungen auf. In diesem Moment, während du dieses Buch liest, gibt es überall Aktivität von Engeln und Dämonen, die du nicht sehen kannst, und doch sind sie sehr real. Wenn wir wirklich ein Leben ohne Beschränkungen leben wollen, müssen wir diese wertvolle Lektion lernen, nämlich dass wir mehr an das glauben, was Gott sagt, als an das, was wir mit unseren natürlichen Augen sehen. Wenn wir lernen, unseren Glauben in das Unsichtbare und das unfehlbare Wort Gottes zu legen, werden wir beginnen, ohne Begrenzungen zu leben.

Es gibt eine Geschichte in 2. Könige 6, die ich sehr liebe, weil sie diesen Punkt so deutlich illustriert:

> *8 Und der König von Aram führte Krieg gegen Israel; und er beratschlagte sich mit seinen Knechten und sprach: Da und da soll mein Lager sein! 9 Aber der Mann Gottes sandte zum König von Israel und ließ ihm sagen: Hüte dich, an jenem Ort vorbeizugehen; denn die Aramäer kommen dort hinab! 10 Und der König von Israel sandte hin an den Ort,*

den ihm der Mann Gottes genannt und vor dem er ihn gewarnt hatte, und er nahm sich dort in Acht. Dies geschah nicht bloß einmal oder zweimal. 11 Da wurde das Herz des Königs von Aram unruhig darüber, und er rief seine Knechte1 zu sich und sprach zu ihnen: Könnt ihr mir denn nicht sagen, wer von den Unsrigen es mit dem König von Israel hält? 12 Da sprach einer seiner Knechte: Nicht doch, mein Herr und König; sondern Elisa, der Prophet in Israel, verrät dem König von Israel alles, was du in deiner Schlafkammer redest! 13 Er sprach: So geht hin und seht, wo er ist, dass ich hinsende und ihn ergreifen lasse! Und sie meldeten es ihm und sprachen: Siehe, er ist in Dotan! 14 Da sandte er Pferde und Streitwagen und eine große Streitmacht dorthin. Und sie kamen bei Nacht und umzingelten die Stadt. 15 Als nun der Diener des Mannes Gottes am Morgen früh aufstand und hinausging, siehe, da lag um die Stadt ein Heer mit Pferden und Streitwagen. Da sprach sein Knecht zu ihm: O weh, mein Herr! Was wollen wir nun tun? 16 Er sprach: Fürchte dich nicht! Denn die, welche bei uns sind, sind zahlreicher als die, welche bei ihnen sind! 17 Und Elisa betete und sprach: HERR, öffne ihm doch die Augen, damit er sieht! Da öffnete der HERR dem Knecht die Augen, sodass er sah. Und siehe, der Berg war voll feuriger Rosse und Streitwagen rings um Elisa her. 18 Und als sie zu ihm hinkamen, bat Elisa den HERRN und sprach: Schlage doch diese Heiden mit Blindheit! Da schlug er sie mit Blindheit nach dem Wort Elisas.

Der Prophet Gottes hatte seine geistlichen Augen offen und konnte daher ein Leben ohne Einschränkungen führen. Der Diener, der nur in der natürlichen oder sichtbaren Welt schaute, war durch seine eingeschränkte Sicht in seinen eigenen Ängsten gefangen. Wie oft haben wir schwierige Umstände erlebt und wurden von dem gebeutelt, was wir sahen, anstatt Gott darum zu bitten, sehen zu können, was Er sieht?

Wenn ich reise und an vielen unterschiedlichen Orten diene und für die Kranken bete, fühle ich oft, wie die Kraft Gottes meinen Körper verlässt und die Menschen berührt, für die ich betete, und doch werden sie nicht geheilt. Am Anfang hat es mich verwirrt, wenn so etwas geschah. Es war meine Frau, die mich darauf aufmerksam machte, was hier geschah. Wohlmeinende Ärzte haben den Menschen Diagnosen einer bestimmten Krankheit gegeben und gesagt, dass es dafür keine Heilung gäbe. Die Menschen glauben nun dem Sichtbaren und den Worten der Ärzte mehr als dem Unsichtbaren und dem Wort Gottes. Wegen ihres Unglaubens konnten sie ihr Wunder nicht empfangen. Als wir sie jedoch zu lehren begannen und die Worte der Ärzte über ihrem Leben brachen, waren sie fähig, ihr Wunder zu empfangen, oft sogar unmittelbar.

Wir gehen alle durch Schwierigkeiten durch; keine Frage. Meine Familie und ich hatten auch unseren Teil abbekommen. Das ist einfach Teil des Lebens. Die wichtige Frage lautet immer: „Wie gehen wir mit diesen Umständen um?“ Wir müssen lernen, mehr Glauben in die unsichtbare Wirklichkeit der Wunder Gottes zu legen als in das, was wir mit unseren natürlichen Augen sehen. Menschen haben mir einige Male erklärt, dass ich nur versuche, die Umstände zu verleugnen, wenn ich statt des Sichtbaren ein Wunder proklamiere. Dennoch, ich verleugne gar nichts. Ich treffe einfach die Wahl zu glauben, dass Gott nicht lügen kann und dass sein Wort wahr ist über alles hinaus, das meine natürlichen Augen sehen und wahrnehmen können oder meine Umstände sagen.

Das wichtige Gebet

Vielleicht eines der wichtigsten Gebete, die wir jemals sprechen können, ist in Epheser 1 niedergeschrieben:

> *15 Darum lasse auch ich, nachdem ich von eurem Glauben an den Herrn Jesus und von eurer Liebe zu allen Heiligen gehört habe, 16 nicht ab, für euch zu danken und in meinen Gebeten an euch zu gedenken, 17 dass der Gott unseres Herrn Jesus Christus, der Vater der Herrlichkeit, euch [den] Geist der Weisheit und Offenbarung gebe in der Erkenntnis seiner selbst, 18 erleuchtete Augen eures Verständnisses, damit ihr wisst, was die Hoffnung seiner Berufung und was der Reichtum der Herrlichkeit seines Erbes in den Heiligen ist, 19 was auch die überwältigende Größe seiner Kraftwirkung an uns ist, die wir glauben, gemäß der Wirksamkeit der Macht seiner Stärke. 20 Die hat er wirksam werden lassen in dem Christus, als er ihn aus den Toten auferweckte und ihn zu seiner Rechten setzte in den himmlischen [Regionen], 21 hoch über jedes Fürstentum und jede Gewalt, Macht und Herrschaft und jeden Namen, der genannt wird, nicht allein in dieser Weltzeit, sondern auch in der zukünftigen;*

Als ich ein junger Mann war und meinen Dienst begann, begriff ich die Bedeutung dieses Gebets. Über die Jahre hinweg muss ich es wohl Tausende Male sowohl für mich selbst gebetet als auch unzählige Menschen um dieses Gebet für mich ersucht haben. Dieses Gebet verdeutlicht, dass wir nichts mehr von

Gott brauchen außer einer Offenbarung darüber, was wir bereits haben. Paulus betet für die Gemeinde in Ephesus, dass Gott die Augen ihres Verständnisses öffnen möge. Die Dinge, die er sie sehen lassen wollte, konnten mit natürlichen Augen nicht gesehen werden, sondern nur mit offenen Augen des Verständnisses.

Warum hat Paulus nicht darum gebetet, dass Gott ihnen Versorgung, Heilung, Sieg und andere Dinge gibt, für die wir ständig beten? Ich glaube es war, weil er verstand, dass jedes Wunder, das wir jemals brauchen, in der unsichtbaren Welt bereits eine Realität ist in den himmlischen Regionen, in die wir mit Christus hineinversetzt worden sind. Wenn wir diese Wahrheit einmal sehen und uns entscheiden aufzuhören, dem mehr zu glauben, was wir mit unseren natürlichen Augen sehen, als dem der unsichtbaren Welt, dann können wir die Dinge, die uns gehören, ganz einfach ergreifen. Unter anderem möchte Paulus, dass wir sehen, dass die Kraft, die jetzt in uns wirksam ist, dieselbe überwältigende Größe seiner Kraftwirkung ist, die in Jesus wirkte, als er ihn von den Toten auferweckte. Es gibt keine größere Macht als diejenige, die bereits jetzt in dir wirksam ist. Nur durch Glauben kannst du sie erfahren.

Die Geschichte der Gemeinde, sowohl antik als auch modern, spricht eine klare Sprache. Menschen, die ihren Glauben in das Unsichtbare und doch Unfehlbare setzten, weil es im Wort Gottes verankert war, haben Nationen beeinflusst, Reformationen hervorgebracht, außergewöhnliche Zeichen und Wunder gewirkt, die Toten auferweckt und ein Leben ohne Einschränkungen gelebt. Sogar von Abraham wird gesagt, dass er auf die Stadt gewartet hat, deren Begründer und Erbauer Gott selbst war (siehe Hebräer 11,10). Er hat diese Stadt nicht mit seinen natürlichen Augen gesehen, doch er sah sie im Geist und hat sich darauf ausgerichtet.

Alles, was durch unsere natürlichen Sinne in uns hineinkommt, wird durch das Herz gefiltert. Daher ist das, was wir mit unseren natürlichen Augen sehen, oft nicht das, was wir wirklich wahrnehmen. Lass mich dir ein Beispiel geben. Wir beide (du und ich) können einen großen schwarzen Hund anschauen und zwei unterschiedliche Dinge wahrnehmen. Du magst ein bösartiges Tier sehen, das in deinem Herzen Angst erregt, während ich ein wunderbares Haustier sehe, mit dem ich spielen will. Wenn wir lernen, unseren Glauben in die unsichtbare Realität des übernatürlichen Lebens in uns zu setzen, werden wir nicht davon erschüttert sein, was unsere natürlichen Augen sehen. Jeder Umstand, dem du begegnest, muss von Gottes ewiger Perspektive aus betrachtet werden. Gott hat mich gelehrt, auf diese Weise im Bereich der Finanzen zu leben. Wenn ich eine Entscheidung treffen muss, ist meine Frage nicht: „Ist das Geld auf der Bank oder nicht?“ Meine Frage ist: „Was hat Gott über diese Situation gesagt?“ In dem Moment, in dem Gott etwas sagt, ist es in der unsichtbaren Welt Realität und ich muss es durch Glauben auf die Erde bringen. Ich habe viele radikale Entscheidungen getroffen, ohne das Geld auf dem Bankkonto zu sehen, sondern lediglich, indem ich es als Realität in der unsichtbaren Welt sah, gehalten durch die Verheißungen Gottes. Wenn ich einmal einen Glaubensschritt mache, kommt das Geld immer, manchmal innerhalb von Minuten. Ich rede hier nicht darüber, finanziell unverantwortlich zu handeln und Schulden zu machen. Debi und ich haben eine Vereinbarung, dass wir keine Schulden machen werden, ganz egal wofür. Noch kaufen wir jemals etwas auf Raten. Wenn wir das Geld nicht haben, kaufen wir nichts.

Die Lektion von Jesus

In Johannes Kapitel 4 zeigt Jesus diese Wahrheit wunderbar auf. Hier wird uns die bekannt Geschichte von der Frau am Brunnen erzählt. Jesus wandert durch Samarien, dessen Volk als

Feinde der Juden betrachtet werden. Als er müde wurde, setzte er sich an einem Brunnen nieder, um zu rasten, während seine Jünger in die Stadt gingen, um Essen zu kaufen. Eine samaritanische Frau kam. Durch ein Wort der Erkenntnis evangelisierte Jesus sie und brachte sie zum Glauben. Am Ende kam die Stadt heraus zum Brunnen und viele glaubten. Der Grund, warum Jesus an dieser Stelle so erfolgreich war, bestand darin, dass sein Fokus nicht auf das Sichtbare, sondern das Unsichtbare gerichtet war. Als die Jünger zurückkehrten, waren sie verwirrt, dass er mit einer Frau sprach. Wenn Jesus zum Einkaufen gegangen wäre und die Jünger dort gelassen hätte, glaube ich, dass niemand errettet worden wäre. Jesus sagt uns, warum die Jünger dieses Problem hatten und wie man es behebt. In Vers 35 lesen wir:

> *Sagt ihr nicht: Es sind noch vier Monate, dann kommt die Ernte? Sieh, ich sage euch: Hebt eure Augen auf und seht die Felder an; sie sind schon weiß zur Ernte.*

Das Einzige, was die Jünger sahen, war das, was sie mit ihren natürlichen Augen sehen konnten, nämlich ein Volk, dem man ausweicht. Sie sahen ein Problem, während Jesus im Unsichtbaren die Ernte sah. In vielen Nationen, in denen ich gepredigt habe, haben Pastoren mir gesagt, dass ihr Land dem Evangelium verschlossen und es unmöglich sei, Menschen zu erretten. Es ist Zeit, damit aufzuhören, unseren Blick auf das zu richten, was wir mit unseren natürlichen Augen sehen können. Wir müssen sie erheben und die Realität der geistlichen Welt rund um uns durch Glauben sehen. Ich ermutige dich, beharrlich dafür zu beten, dass Gott dir die Augen öffnet, sowie eine radikale Entscheidung zu treffen, die Dinge nicht von einer normalen Perspektive aus zu betrachten.

Kapitel 5

Wie viel ist uns gegeben worden?

Nachdem ich glaube, dass es keine Einschränkungen für die Kinder Gottes gibt, erhebt sich die Frage: „Wie viel ist uns denn schon von Gott gegeben worden?“ Die Antwort auf diese Frage zu verstehen ist maßgeblich wichtig. Wie ich in meinem Buch über den Neuen Bund beschreibe, sind Gottes-Fakten besser als Verheißungen. Es gibt keine bessere Quelle als die Bibel, um herauszufinden, was uns bereits gegeben wurde. Eine Schriftstelle, die ich besonders liebe und schätze, ist Epheser 1,3:

> *Gepriesen sei der Gott und Vater unseres Herrn Jesus Christus, der uns gesegnet hat mit jedem geistlichen Segen in den himmlischen Regionen in Christus.*

Dieser Vers ist eindeutig in der Vergangenheitsform geschrieben und wir müssen das als gegeben akzeptieren. Wenn wir die grammatische Form dieser Bibelpassage verändern, dann legen wir uns selbst Begrenzungen auf. Uns wird gesagt, dass wir gesegnet sind mit jeder geistlichen Segnung, was eine gewaltige Wahrheit ist, die es anzunehmen gilt. Wenn du zu mir kommst und ich dir alles gebe was ich habe, und du morgen wiederkommst und um mehr bittest, kann ich das tun? Es ist offensichtlich, dass die Antwort „Gewiss nicht!“ lautet, da ich dir ja alles, was ich hatte, bereits gestern gegeben habe.

Wenn Gott uns wirklich jede geistliche Segnung in den himmlischen Regionen gegeben hat, dann müssen wir - um sie zu erleben - lernen, wie wir sie abrufen, was bestimmt nicht dadurch geschieht, dass wir darum bitten. Das originale griechische Wort für Segen ist ein aus zwei Wörtern zusammengesetztes Wort - zu erklären und wohlauf oder erfolgreich zu sein. Schau dir die Schriftstelle nochmals an. Gott hat dich durch das vollendete Werk am Kreuz bereits als wohlauf oder erfolgreich bezeichnet. Wenn wir die Kraft des Wortes Gottes verstehen, dann verstehen wir auch, dass er erschafft, wenn er spricht. Gott hat bereits alles erschaffen, das du brauchst, um wohlauf und erfolgreich zu sein. Du musst nur lernen, mit Gott darin übereinzustimmen, was er bereits über dich ausgerufen und für dich erschaffen hat. Ich glaube, dass du während deiner Reise durch dieses Buch lernen wirst, wie du dein Leben praktisch ohne Einschränkungen leben kannst.

Es gibt genug Beweise in der Bibel dafür, dass Gott uns bereits alles, was wir brauchen, gegeben hat. Schau dir diese wunderbare Wahrheit Gottes in 2. Petrus 1,3 an:

> *Da seine göttliche Kraft uns alles geschenkt hat, was zum Leben und zum Wandel in Gottesfurcht dient, durch die Erkenntnis dessen, der uns berufen hat durch seine Herrlichkeit und Tugend ...*

Lasst uns diesen Vers einmal analysieren, der uns sagt, dass uns alles gegeben wurde. Erstens sagt er, dass seine göttliche Kraft uns alles geschenkt hat. Es gibt absolut keine Einschränkungen seiner göttlichen Kraft. Daher gibt es auch keine Grenzen dafür, was uns gegeben wurde. Zweitens sagt er, dass es uns gegeben wurde. Wieder in der Vergangenheitsform. Wenn du also Gott bittest und darauf wartest, dass Er dir Dinge gibt, die du für ein fruchtbares Leben brauchst, dann legst du dir selbst Beschränkungen auf. Drittens, es bezieht sich auf Leben und Wandel in Gottesfurcht. Erlaube mir, die Bedeutung dieser Wahrheit zu erklären.

Die Bedeutung ist sehr unmissverständlich, und zwar dass uns alles gegeben wurde, was wir fürs Leben und einen Wandel in Gottesfurch brauchen. Der wunderbare Teil liegt in dem Wort, das in der Originalsprache der Bibel für „Leben" verwendet wird. Es ist ein ausgesprochen starkes Wort, welches besagt, dass es ein Leben derselben Qualität ist wie das des Gebers. Es bedeutet auch absolute Fülle des Lebens. Ich werde das für dich in einfache Worte kleiden, damit du es erfassen kannst. Der Allmächtige Gott selbst, hat durch seine eigene göttliche Kraft bereits alles in dich hineingelegt, damit du ein Leben derselben Qualität leben kannst wie Jesus es tat. Es ist faszinierend, wie viel Gott uns bereits gegeben hat.

Ich habe oft Christen getroffen, die Gott bitten, ihnen mehr von seiner Liebe zu geben. Solch ein Gebet ist jedoch unbiblisch und unnötig und zeigt nur, dass wir diese Wahrheiten nicht verstanden haben. Gott muss uns niemals mehr Liebe geben. Wir müssen nur lernen, wie wir in der Liebe wandeln, die er uns bereits gegeben hat, was in meinem Buch „Liebe" klar erklärt wird. Schau dir die folgende Schriftstelle sorgfältig an (Römer 5,5):

> *...die Hoffnung aber lässt nicht zuschanden werden; denn die Liebe Gottes ist ausgegossen in unsere Herzen durch den Heiligen Geist, der uns gegeben worden ist.*

Wie viel mehr Liebe möchtest du von Gott, wenn Er bereits alle Liebe in dein Herz ausgegossen hat? Die Gemeinde muss lernen, damit aufzuhören, das in der Zukunft zu erwarten, was Gott als bereits geschehen erklärt hat. Du brauchst auch nicht *mehr* Sieg, da die Bibel uns sagt, dass wir bereits Gottes Sieg haben. Römer 8,36-37 erklärt:

> *Wie geschrieben steht: „Um deinetwillen werden wir getötet den ganzen Tag; wie Schlachtschafe*

sind wir geachtet! Aber in dem allen überwinden wir weit durch den, der uns geliebt hat.

Der Zusammenhang dieser Bibelstelle ist keine gewaltige Konferenz mit einem gesalbten Gastsprecher oder der perfekten Anbetung. Es geht um ein Leben in Schwierigkeiten und Mühe. Der Apostel Paulus hat immense Verfolgung erlebt, wie er besonders in seinem Brief an die Korinther beschreibt. Er verstand, dass er nicht um den Sieg bitten musste, sondern einfach durch Glauben das zu nehmen brauchte, was ihm bereits gehörte. Der Sieg wurde uns in Christus bereits gegeben. Es ist Zeit für das Volk Gottes, sich zu erheben und auf die Füße zu stellen, alle Einschränkungen zu widerrufen und abzulehnen, um in ein Leben ohne Begrenzungen einzutreten. Es ist eine gute Gewohnheit, wenn wir dies beständig über unser Leben ausrufen. Wo immer du sein magst, ich ermutige dich, dass du dich jetzt auf die Füße stellst und mit mir deklarierst: „Ich habe, was Gott sagt, das ich habe. Ich bin, wer Gott sagt, das ich bin. Weil mir bereits alles gegeben ist, was ich für ein gottseliges, fruchtbares und siegreiches Leben brauche, weise ich alle Beschränkungen in meinem Leben zurück. Mir fehlt nichts Gutes, weil Christus am Kreuz für alles, das mir gehört, bezahlt hat. Ich nehme es daher im Glauben an!"

Miterben

Christen haben kein Problem damit zu glauben, dass wir ein Erbe haben. Wir haben auch kein Problem, darin übereinzustimmen, dass wir Erben eines zukünftigen Erbes sind, nämlich dem Himmel. Das sind gewaltige Wahrheiten, aber unser Erbe beinhaltet mehr als nur das. Erlaube dem folgenden Vers einmal, in dein Herz einzudringen. Römer 8,17:

Wenn wir aber Kinder sind, so sind wir auch Erben, nämlich Erben Gottes und Miterben des Christus.

Ich möchte die Betonung nicht so sehr auf die Tatsache legen, dass wir Erben sind, sondern dass wir Miterben sind. Jesus wurde zu unserem Bruder, wie uns die Bibel deutlich in Römer 8,28 sagt:

Denn die er zuvor ersehen hat, die hat er auch vorherbestimmt, dem Ebenbild seines Sohnes gleichgestaltet zu werden, damit er der Erstgeborene sei unter vielen Brüdern.

Nachdem Jesus unser Bruder ist, teilen wir das Erbe mit ihm - das ist die Bedeutung von Miterbe. In Wahrheit ist es ganz einfach. Wir müssen uns nur selbst fragen: „Was gehört Jesus?" Wenn es seins ist, dann haben wir ein legales Recht darauf, es auch als unser Erbe zu beanspruchen. Paulus betont diesen Punkt in Galater 3,29, wenn er sagt:

Wenn ihr aber Christus angehört, so seid ihr Abrahams Same und nach der Verheißung Erben.

Auch hier wird uns gesagt, dass wir wegen Christus zu Erben geworden sind. Lass uns anschauen, welches die Segnungen waren, die Gott dem Abraham gegeben hat, damit wir verstehen, was unser rechtliches Erbe ist. In 1. Mose 24,1 steht:

Und Abraham war alt und recht betagt, und der HERR hatte Abraham gesegnet in allem.

Ich glaube, dass die Bibel absolut wahrhaftig ist, und nehme sie als Tatsache hin. Uns wird gesagt, dass Gott Abraham in allen Dingen gesegnet hatte, das bedeutet, dass kein Bereich seines Lebens davon ausgeklammert war. Er war siegreich über seine Feinde; Gott hat ihn sogar verteidigt, wenn er es vermasselt hat; er war unglaublich wohlhabend und er hatte fruchtbare Kinder. Alle diese seine Segnungen gehören auch uns. Ich glaube, dass ich dir in diesem Kapitel klar gezeigt habe, dass das, was uns gegeben wurde, alles ist, was wir brauchen. Jesus muss unser Vorbild sein, dem wir folgen, da wir Miterben mit ihm sind.

Ich möchte, dass du mir in Gedanken folgst: wenn du dein Leben betrachtest und Mangel in verschiedenen Bereichen siehst, dann frag dich nicht, wie du es anstellen kannst, dass Gott dir die Dinge gibt, die du brauchst. Ändere stattdessen deine Einstellung und frage dich selbst: „Gehört das, was ich brauche, auch Jesus?“ Wenn dem so ist, dann gehört es auch dir. „Hat Jesus volle Autorität?“ Wenn dem so ist, dann habe ich sie auch. Matthäus 28,18 sagt uns:

> *Und Jesus trat herzu, redete mit ihnen und sprach: Mir ist gegeben alle Macht im Himmel und auf Erden.*

Da wir Miterben Christi sind, sind wir auch derselben Autorität teilhaftig wie Er. Jesus sagte nicht, dass er nur teilweise Autorität besitzt, sondern alle Autorität! Das ist ein ganz wunderbarer Beweis dafür, dass es auch für unser Leben keine Einschränkungen gibt, da auch wir alle Autorität haben. Wie sehr sehnt mein Herz sich danach, dass das Volk Gottes aufsteht, alle Begrenzungen auf seinem Leben abschüttelt und beginnt, ein Leben ohne Einschränkungen zu leben.

Mit der Frage: „Wie viel ist uns gegeben worden?“ kommt eine andere, ebenso wichtige Frage, die lautet: „Wie viel ist uns genommen worden?“ Uns wurde so ein erstaunliches Erbe geschenkt und vielen Menschen wurde geraubt, was eigentlich ihnen gehörte. Es war nicht der Teufel, der es ihnen stahl - es war Religion, das Gesetz, und Unglaube. Beraubt zu werden ist absolute Ungerechtigkeit, und doch wurde Gottes Volk bestohlen, und es ist traurig, dass wir das so lange hingenommen haben. Es ist Zeit, aufzustehen und kühn zu beanspruchen, was unser legales Recht ist.

Nicht nur wir leiden darunter, beraubt worden zu sein, sondern eine sterbende Welt um uns herum leidet genauso darunter. Sie müssen uns so sehr dabei beobachten können, wie wir in Herrlichkeit, Kraft und Autorität leben, dass auch sie zu Christus gezogen werden. Die Schrift sagt in Sprüche 13,22, dass der Reichtum der Sünder uns gehört:

> *Was ein guter Mensch hinterlässt, geht über auf Kindeskinder, das Vermögen des Sünders aber wird für den Gerechten aufbewahrt.*

Warum haben wir, die Heiligen, so viel Reichtum in die Hände der Sünder fallen lassen, die ihn nur für egoistische und oft zerstörerische Dinge verwenden? Wir wurden der Gesundheit, des Reichtums, Friedens, Sieges usw. beraubt. Ich kann mich klar daran erinnern, wie Jesus eines Tages in meiner Zeit mit ihm sagte: „Sohn, wenn es nicht Teil des Neuen Bundes und des vollbrachten Werkes am Kreuz ist, lehne es ab, nimm es nicht an!“ Dann erklärte er mir, dass Krankheit nicht Teil des Neuen Bundes ist, noch sind es Armut, Niederlage, emotionale Unbeständigkeit usw. Ich sprang vom Sessel auf, stellte mich fest auf die Füße und schrie aus voller Kehle: „Ich weise alles zurück, das nicht Teil des Neuen Bundes ist. Ich verweigere Armut, Krankheit.“ Ich erinner mich, dass, als ich zuletzt eine Grippe anrollen fühlte, ich aufsprang und rief: „Ich weise dich ab. Du bist nicht Teil des Neuen Bundes.“ Sofort verließ sie mich. Wir müssen lernen, Dinge nicht anzunehmen die nicht in unser Leben gehören.

Kapitel 6

Keine Einschränkungen

Ich erinnere mich an die Nacht im Jahr 2016 so klar, als wäre sie gestern gewesen, als der Herr mich aufweckte und mir sagte: „Ich habe niemals Beschränkungen auf das Leben meiner Kinder gelegt. Sie machen das selbst durch Unglauben in ihrem Herzen." Das hörte sich so radikal an, dass ich sofort erwiderte: „Herr, du musst mir das in der Bibel zeigen." Er hat nur geantwortet: „Lies Markus 9,23!" Ich tat es und dort steht:

Jesus aber sprach zu ihm: Wenn du glauben kannst - alles ist mögich dem, der glaubt!

Ich möchte dir eine Frage stellen. Wenn die Bibel wahr ist und alles möglich ist, gibt es dann noch Einschränkungen? Entweder sind alle Dinge nicht möglich oder es gibt keine Begrenzungen mehr. Die Menschen haben kein Problem damit, zu glauben, dass Gott alle Dinge möglich sind. Wie auch immer, Jesus sagt uns hier, dass alle Dinge demjenigen möglich sind, der glaubt. Ich möchte, dass du mit mir gemeinsam von einem Leben ohne Einschränkungen träumst. Seit jener Nacht habe ich unzählige Stunden damit verbracht, Tag und Nacht über diese Wahrheit zu beten, zu meditieren und darüber nachzudenken. Wenn es nicht Gott ist, der uns Beschränkungen auferlegt, warum sollten wir dann überhaupt mit welchen leben? Diese Frage wurde zu einer verzehrenden Leidenschaft in meinem eigenen Leben, der ich nachgehen werde, bis zu dem Tag, an dem ich vor Jesus stehe. Gott hat mich offensichtlich dazu auserwählt, ein freies und uneingeschränktes Leben zu führen, warum sollte ich also mit Beschränkungen leben?

Stell dir ein Leben ohne finanzielle Grenzen vor. Oh welche Dinge könnten wir für das Reich Gottes erreichen! Meine Frau und ich haben die Entscheidung getroffen, überall in Brasilien Waisenhäuser zu bauen. Als wir diese Arbeit begannen, hatten wir im Natürlichen viele Einschränkungen. Wir hatten weder die Finanzen noch das Know-how dafür, Waisenhäuser zu bauen. Wir sind keine brasilianischen Staatsbürger und hatten viele andere Umstände gegen uns. Aber weil wir uns entschieden, zu glauben, dass es für Gläubige keine Einschränkungen gibt, haben wir mit der Arbeit begonnen. In knapp über zwei Jahren, während ich dieses Buch schreibe, haben wir ungefähr eine Million Riels investiert, indem wir drei Häuser mit Platz für 200 Kindern gekauft haben. Glaub bitte nicht, dass wir besondere Menschen wären oder dass Gott uns eine besondere Salbung für diese Dinge gegeben hat. Wir haben einfach die Begrenzungen abgeschüttelt und uns entschieden, voranzugehen.

Erlaube mir, dir die Geschichte aus Markus 9,23 zu erzählen, damit du den Zusammenhang erkennst. Jesus war mit drei seiner zwölf Junger am Berg der Verklärung, während die anderen neun mit den Menschen unten im Tal waren. Ein verzweifelter Mann brachte seinen dämonisierten Sohn zu den Jüngern und bat um Hilfe, aber sie waren begrenzt. Es war ihnen wegen ihres Unglaubens nicht möglich, den Dämon auszutreiben. Erinnerst du dich, was der Herr mir in jener Nacht gesagt hatte? Es ist nicht Er, Der uns Beschränkungen auferlegt, sondern der Unglaube unserer Herzen. Ich kenne viele liebenswerte und wunderbare Christen, deren Gebete unbeantwortet blieben, die Niederlagen erlitten und deshalb eine Theologie entwickelt haben, die der Schrift entgegen steht. Sie sagen Dinge wie: „Vielleicht war es nicht Gottes Wille, zu heilen“ oder „Vielleicht wollte Gott da keine Versorgung geben.“ In den Jahrzehnten meines Dienstes wie auch in meinem persönlichen Leben finde ich immer wieder, dass es eins der schwierigsten Dinge ist, den Unglauben im eigenen Herzen anzuerkennen.

Als dieser Mann in seiner Verzweiflung zu Jesus kam, fragte er sich wohl, ob Jesus denselben Begrenzungen unterworfen war sie seine Jünger, deren eingeschränkten Umgang mit seinem Problem er gerade erlebt hatte. Schauen wir einmal Vers 22 an:

> *Und er hat ihn oft ins Feuer und ins Wasser gworfen, um ihn umzubringen; doch wenn du etws kannst, so erbarme dich über uns und hilf uns!*

Schau dir mal die gewagte Frage, die der Mann Jesus stellt. Er bittet Jesus nicht einfach, seinen Sohn zu heilen, sondern er stellt die Autorität und Macht Jesu in Frage. Er sagt: „Wenn du etwas kannst." Das bedeutet, dass er sich nicht sicher war, ob Jesus die Kontrolle über diese Situation haben würde. Ich stelle mir vor, dass ich - wäre ich Jesus gewesen - geantwortet hätte: „Was meinst du mit 'wenn'? Weißt du nicht, wer ich bin? Verstehst du nicht, dass ich der Sohn Gottes bin und es bei Gott keine Begrenzungen gibt?" Ich hätte dem Mann wahrscheinlich eine Lektion darüber erteilt, wer ich sei und was ich tun könnte. Das Interessante ist, dass Jesus auf die Aussage „wenn du kannst" mit einer Gegenaussage reagierte „Wenn du kannst!" Der Mann sagte „Wenn du etwas kannst" und Jesus antwortete: „Wenn du glauben kannst!" Es ist eine Missachtung der Schrift, das Fehlen von Wundern, Sieg, Versorgung und Ergiebigkeit in der Kategorie von „Vielleicht war es nicht Gottes Wille" abzulegen. Oh, wenn unsere Herzen nur glauben könnten, dass die Einschränkungen nicht von Gott, sondern von uns selbst kommen. Petrus ist auf dem Wasser gegangen, warum sollten wir nicht dazu fähig sein? Ich möchte euch in diesem Kapitel mit Geschichten von Menschen ermutigen, die Einschränkungen zurückwiesen.

Ich hörte von einem indonesischen Missionar, der ging einen entlegenen Stamm zu evangelisieren. Als er zu predigen begann, waren die Leute seinem Gott gegenüber sehr feindselig eingestellt und versuchten, ihn zu packen, um ihn zu töten. Er rannte, so schnell er konnte, aber es gab keinen Ausweg, weil es vor ihm einen See gab. Er lief einfach auf dem Wasser weiter, bis er am anderen Seeufer ankam. Als die Stammesmänner dies sahen, gaben sie ihr Leben Christus und das ganze Dorf wurde errettet.

In den 80er Jahren sandte Gott mich in ein kommunistisches Land, um verfolgten Christen zu helfen. Ich bin dort unzählige Male hingereist und habe außergewöhnliche Wunder erlebt. Einer meiner Glaubensbrüder erhielt von Gott den Auftrag, eine verfolgte Familie in seinem Auto aus dem Land rauszubringen. Du musst verstehen, dass etwas derartiges in jenem Land zu dieser Zeit absolut unmöglich war. Jede Grenze war dicht und von Männern mit Maschinenpistolen bewacht. Keinem Staatsbürger eines kommunistischen Landes war es erlaubt, auszureisen. Manchmal versuchten Menschen in ihrer Verzweiflung, nachts über die Grenzen zu laufen und wurden sofort erschossen. Dieser mein Bruder jedoch glaubte an ein Leben ohne Einschränkungen, setzte diese Menschen in sein Auto und machte sich auf in Richtung Grenze. Als sie ankamen, machte Gott alle unsichtbar und sie überquerten die Grenze ohne Probleme. Wenn ich auf mein eigenes Leben zurückschaue, kann ich ganz klar sehen, dass ich dort, wo ich in kühnem, kindlichem Glauben ging, die Grenzen des natürlichen menschlichen Daseins überwand.

Es war in den späten 80er Jahren, als ich in meiner Heimatstadt in Österreich mit einer Gruppe von Mitchristen evangelisierte. Ein junges Paar saß auf dem Boden, völlig im Drogentaumel. Der Mann war seit 10 Jahren heroinabhängig und seine Freundin nahm täglich einige Dutzend Beruhigungstabletten. Als ich sie sah, gab es nichts, das irgend jemand hätte tun können, weil sie unansprechbar waren. Ich habe ihnen meine Hände auf den Kopf gelegt und den Herrn gebeten, sie für eine Minute auszunüchtern, damit ich ihnen seine Liebe mitteilen könne. Sofort saßen sie auf, schauten mich an und fragten, wer ich sei. Ich sagte es ihnen, und auch, dass Gott sie zutiefst liebe, so wie ich auch. Um eine lange Geschichte kurz zu machen, sie zogen bei uns ein, wurden übernatürlich von Drogen geheilt, wurden errettet, heirateten und hatten drei Kinder.

Ich hörte die Geschichte eines Pastors in Kuala Lumpur. Ein Mann, den ich persönlich traf, kennt diesen Pastor. Er kennt die Geschichte aus erster Hand. Die Gemeinde jenes Pastors war klein und traf sich in einem gemieteten Haus. Sie hatten nur ungefähr 20 Mitglieder. Gott sagte zu ihm: „Glaube mir für ein Kirchengebäude." Der Pastor entschloss sich, Gott für ein Gebäude zu vertrauen, das auf der anderen Straßenseite zum Verkauf stand. Er wollte es kaufen. Er sagte seiner Gemeinde, dass sie 75.000 Ringgit brauchen würden, also ca. 60.000 Riel (zum Zeitpunkt des Verfassens dieses Buches), um den Vertrag unterschreiben zu können. Die Opfer jener Gemeinde waren sehr gering, da das Durchschnittseinkommen der Gemeindeglieder niedrig war.

Wie auch immer, der Pastor wies diese Einschränkungen zurück und glaubte einfach. Am folgenden Sonntag, dem Tag bevor er den Vertrag unterzeichnen und das Geld zahlen sollte, sagte er der Versammlung während des Opfer-Einlegens: „Gott lügt nicht. Dieses Gebäude gehört uns und heute wird es genug Geld im Opferkorb geben, um das zu bewerkstelligen." Als der Opferkorb durch die kleine Gemeinde wanderte, beobachtete der Pastor mit seinen natürlichen Augen und sah, dass sehr wenig Geld hineingelegt wurde. Dennoch sagte er: „Bringt mir den Opferkorb. Ich werde das Geld jetzt sofort zählen."

Und als sie ihre Hände in den Korb steckten, um das Geld herauszuziehen, wurde es einfach vermehrt. Jedes Mal, wenn er seine Hand herauszog, war noch immer Geld im Korb. Schließlich zählte er 78.000 Ringgit. Der Pastor war überrascht, dass nun 78.000 Ringgit im Korb waren, obwohl sie nur 75.000 brauchten. Als er am nächsten Tag ging, um die rechtlichen Papiere zu unterschreiben, fand er heraus, dass er noch 3.000 Ringgit extra für die Verwaltungsgebühren bezahlen musste.

Eines Tages fuhr ich in meinem Auto mit einem Bruder neben mir. Plötzlich kam ein Auto auf unserer Spur entgegen, das gerade überholt hatte. Es gab keine Möglichkeit, einem Unfall auszuweichen, da wir beide schnell fuhren und es weder rechts noch links eine Ausweiche gab. Während ich einfach „Jesus!" rief, wurde mein Auto auf die andere Seite jenes Autos versetzt. Der Bruder neben mir sagte schockiert: „Was ist gerade passiert?", drehte sich um und sah, dass das Auto nun hinter uns war.

Unseren Sinn erneuern

In Römer 12,2 wird uns deutlich gesagt, dass unser Sinn erneuert werden muss:

> *Und passt euch nicht diesem Weltlauf an, sondern lasst euch (in eurem Wesen) verwandeln durch die Erneuerung eures Sinnes, damit ihr prüfen könnt, was der gute und wohlgefällige und vollkommene Wille Gottes ist.*

Obwohl ich überzeugt davon bin, dass unsere Gedanken entscheidend sind, glaube ich doch, dass dieser Vers noch eine tiefere Bedeutung hat. Er trägt uns auf, nicht dieser Welt angepasst zu sein sondern durch die Erneuerung unseres Sinnes verwandelt zu werden. Der Kontrast zwischen den Wegen der Welt und Gottes Wegen ist eindeutig. Es geht nicht nur darum, was wir denken, sondern auch, wie wir denken, ist wichtig. Wir dürfen uns Angelegenheiten nicht so nähern, wie die Welt darüber denkt. Die Welt denkt im Natürlichen. Wir müssen übernatürlich denken. Wenn wir nicht lernen, unseren Sinn zu erneuern, werden wir uns selbst Einschränkungen auferlegen.

Unglaube hassen

Kannst du dich an den Anfang dieses Kapitels erinnern, an dem ich erzählte, wie Gott sagte, dass wir durch Unglauben in unserem Herzen uns selbst Grenzen setzen? Unglaube ist unser größter Feind, nicht der Teufel - so wie viele Christen glauben. Die Schrift warnt uns eindringlich gegen ein ungläubiges Herz in Hebräer 3,12:

> *Habt acht, ihr Brüder, dass nicht in einem von euch ein böses, ungläubiges Herz sei, das im Begriff ist, von dem lebendigen Gott abzufallen.*

Ich verstehe nicht, warum Menschen dem Teufel als unserem Feind so viel Aufmerksamkeit widmen, wo er doch bereits am Kreuz besiegt wurde. In Epheser 6,16 wird uns gesagt:

> *Vor allem aber ergreift den Schild des Glaubens, mit dem ihr alle feurigen Pfeile des Bösen auslöschen könnt ...*

Ich möchte, dass du bemerkst, dass die Worte „vor allem" bedeuten, dass sie wichtiger als alles andere im Zusammenhang mit geistlicher Kriegsführung sind. Paulus erwähnt die verschiedenen Teile der Waffenrüstung des Christen und sagt dann, dass das eine, das wir über alle anderen Dinge stellen sollen, der Schild des Glaubens ist. Durch Glauben verweisen wir den Feind in sein begrenztes Gebiet, während wir lernen können, ein Leben ohne Begrenzungen zu leben.

Es ist viel besser, zu erkennen und zuzugeben, dass wir nicht wirklich im Glauben leben, als zu versuchen, uns selbst und andere davon zu überzeugen, dass wir glauben. Leute sagten mir oft, dass sie glauben, aber ihre Taten zeigten alles, außer Glauben. Wenn du wirklich glaubst, wirst du in Gottes Ruhe einkehren und deine Umstände bewegen oder erschüttern dich nicht. Glaube wird nicht dadurch gezeigt, wie sehr du behauptest zu glauben, sondern durch deine Handlungen in Zeiten der Krise. Lass uns doch ehrlich darüber sein und lernen, unsere Herzen zu verändern, um zu wirklichem Glauben zu kommen. Ich werde darüber in einem späteren Kapitel reden.

Es ist die Erfahrung so vieler Christen, dass wir Gott im Gebet um bestimmte Dinge bitten und dann unermüdlich umherlaufen, um Lösungen für unsere Probleme zu finden. Ich habe mein Leben genauso gelebt. Wenn ich Freunden, die so leben, zu helfen versuche, dann verteidigen sie gewöhnlich ihr Tun anstatt willig lernen zu wollen. Sie sagen sowas wie: „Ich kann nicht einfach nichts tun und erwarten, dass Gott alles tut. Ich muss auch was tun, um sicherzugehen, dass Dinge erledigt werden." Ich verstehe ihren Standpunkt, aber dennoch stimme ich dem nicht zu. Ist es nicht ein Zeichen von eingeschränktem Glauben, oder soll ich sagen Unglauben, dass wir es Gott nicht zutrauen, sich um unsere Angelegenheiten zu kümmern?

Ich habe das vor mehr als 20 Jahren gelernt, als wir nach Wien zogen und eine Wohnung finden mussten, was eine Herausforderung darstellte. Vienna ist eine große und teure Stadt und wir zogen von einer Kleinstadt dorthin. Der Herr hat mich durch die Schrift einfach daran erinnert, dass ich ihm für die richtige Wohnung vertrauen solle. Andere, die mit uns siedelten, rannten unermüdlich herum und taten alles, um eine Bleibe für sich und ihre Familien zu finden. Sie fuhren die 5 Stunden Wien - retour einige Male, um sich Wohnungen anzuschauen, die sich am Ende doch nicht als das Richtige herausstellten. Ich weigerte mich, irgendetwas zu tun, obwohl die anderen meine Einfältigkeit belächelten. Eines Tages, nahe dem Übersiedlungsdatum und noch immer ohne Wohnung, ging ich in den Einkaufsladen meiner Stadt und der Heilige Geist leitete mich an, ein nationales Anzeigenmagazin mitzunehmen. Ich gehorchte, und als er mich auf eine bestimmte Seite führte und eine Wohnung hervorhob, rief ich an und bekam sie sofort. Unzählige solcher Geschichten machen mein Leben aus. Kein Stress, kein Umherlaufen, kein Versuch, Probleme zu lösen - einfach in seiner Güte zu ruhen und mein Leben durch Anwenden des Glaubens zu führen.

Kapitel 7

Wir sind jetzt dran

Wenn Christus uns wirklich alles gegeben hat, was wir brauchen, um ein siegreiches Leben zu führen, wie können wir das dann erfahren? Es gibt einen großen Unterschied zwischen der Tatsache, dass uns etwas gegeben wurde, und dem, was wir erfahren und genießen. Wir müssen unser religiöses Denken über Bord werfen, um vollkommen im vollbrachten Werk des Kreuzes zu leben. Je mehr ich den Neuen Bund studiere, umso mehr erkenne ich, wie viele Schriftstellen wir durch die Brille des Alten Bundes lesen. Lass mich dir ein einfaches Beispiel geben. Ich habe diesen Test in allen Gemeinden überall auf der Welt durchgeführt. Ich kann in beinahe jedem evangelikalen Treffen der Welt sein und die Menschen fragen: „Kennst du den Vers in Johannes 10,10 wo geschrieben steht, dass der Dieb nur kommt, um zu morden, zu stehlen und zu zerstören?" Gewöhnlich bestätigt die gesamte Versammlung, dass sie diesen Vers kennen.

Ich fahre dann fort zu fragen, wer der Dieb sei. Normalerweise wird jede einzelne Person - ohne Ausnahme - mir antworten, dass es der Teufel sei. Wenn ich dann aus voller Überzeugung sage, dass es nicht der Teufel sei, schauen die Menschen mich sehr verwirrt an. Der Teufel wird in diesem Zusammenhang nicht einmal erwähnt. Im griechischen Original wird klar, dass es nicht der Teufel ist. Ich weiß, ihr alle wollt, dass ich euch sage, wer der Dieb ist, aber das werde ich nicht tun. Du solltest das tun, was ich tat, nämlich die Bibel mithilfe des Heiligen Geistes durch die Brille des Neuen Bundes studieren, dann findest du es heraus.

Gott verschiebt die Verantwortung

In jener Nacht, als Gott mich aufweckte, um mir zu sagen, dass er keine Einschränkungen auf seine Kinder legt, hat er mich viele wunderbare Sachen gelehrt. Eine der Aussagen, die er machte, war: „Den ganzen Tag lang versuchen meine Kinder, mich zu überzeugen, dass ich ihnen Dinge geben soll, während ich den ganzen Tag lang versuche, sie davon zu überzeugen, dass ich ihnen bereits alles in Christus gegeben habe."

Überall im Neuen Testament sehen wir, dass Gott die Verantwortung seinen Kindern überträgt. Bevor der Neue Bund bestätigt wurde, war es Gottes Aufgabe, sein Volk zu segnen. Mit dem Neuen Bund hat Gott ein für alle Mal seine sämtlichen Segnungen auf sein Volk übertragen. Es ist nun unsere Aufgabe, diese anzunehmen. Lass mich dir ein einfaches biblisches Beispiel geben. Menschen haben mich oft gebeten, ihnen meine Hände aufzulegen und für sie zu beten, weil sie genauso wie ich im prophetischen Dienst verwendet werden wollten. Ich gehe auf solche Bitten nicht ein, weil es ihnen nicht helfen würde. Stattdessen lehre ich sie liebevoll und geduldig die Wahrheit. Schau mal, was die Bibel ganz klar in 1. Korinther 14,31 aussagt:

> *Denn ihr könnt alle einer nach dem anderen weissagen, damit alle lernen und alle ermahnt werden.*

Die Bibel sagt uns, dass jeder prophezeien kann, was bedeutet, dass Gott bereits die Entscheidung getroffen hat, dass du prophezeien kannst. Wenn du nicht daran gewöhnt bist, diese Gabe der Weissagung regelmäßig anzuwenden, dann suche die Lösung nicht bei Gott, sondern bei dir. Was du brauchst, ist einfach ein Verlangen nach dieser Gabe, wie uns in 1. Korinther 14,1 aufgezeigt wird:

> *Strebt nach der Liebe, doch bemüht euch auch eifrig um die Geisteswirkungen; am meisten aber, dass ihr weissagt!*

Wenn du weiterhin erwartest, dass Gott die Dinge tut, die Er bereits getan oder erklärt hat, dann legst du dir selbst Begrenzungen auf, die Gott dich niemals haben lassen wollte. Einfach ausgedrückt:

Durch das vollendete Werk am Kreuz hat Gott uns alles gegeben, was wir brauchen, um seine Absichten zu erfüllen und ein fruchtbares Leben zu führen. Es liegt nun an uns, diese Dinge im Glauben zu ergreifen. Es hing nicht davon ab, was du getan hast, damit Gott dir all diese Gaben zuteilwerden ließ; Er tat dies durch das vollbrachte Werk am Kreuz. Was von dir abhängt, ist jedoch all das, was er dir bereits gegeben hat, auch zu nehmen.

Empfangen lernen

Die biblische Definition von „empfangen" ist völlig anders als von Menschen allgemein angenommen. Wenn ich darüber predige, dann rufe ich gerne jemanden aus der Versammlung zu mir, um es zu demonstrieren. Ich sage einem Freiwilligen, er möge bitte nach vorne kommen, damit ich ihm $R100 geben kann. Ich mache es klar verständlich, dass die einzige Bedingung, die ist, zu glauben, dass ich wirklich geben will, und sie es empfangen müssen. Dann bitte ich sie, mir durch ihre Körperbewegungen zu zeigen, dass sie willig und bereit sind, zu empfangen. Gewöhnlich stehen sie vor mir mit einem erwartungsvollen Ausdruck auf ihrem Gesicht und offenen Händen mit nach oben gewandten Handflächen. Ich nehme das Geld, zeige es ihnen und sage: „Hier ist es." Sie bleiben mit geöffneten Händen vor mir stehen, aber ich kann mich an keinen erinnern, der das Geld nahm.

Also stecke ich das Geld zurück in meine Tasche und sage: „Es tut mir leid, du kannst dich wieder setzen." Sie schauen verdutzt, so als hätte ich sie betrogen. Ich hole mir dann eine andere Person, lege das Geld in ihre Hände und sage: „Lass uns nun die Rollen vertauschen. Du bist der Geber und ich der Empfänger." Wenn sie das Geld vor mir hochhalten, schnappe ich es mir mit beiden Händen, verwahre es sicher und lasse es nicht mehr los. Dann sage ich ihnen, dass in der ursprünglichen Sprache des Neuen Testaments „empfangen" bedeutet, etwas mit deinen Händen zu ergreifen. Es bedeutet nicht, mit einer religiösen Haltung zu warten, bis es in deine Hände fällt. Mit beiden Händen zu ergreifen ist die Haltung, mit der Christen ihr Leben führen sollten.

Die religiöse Mentalität

Ich glaube, dass ich Gott leidenschaftlich und innig liebe, weil er mir seine tiefe Liebe für mich gezeigt hat. Ich lebe in einer einfachen, kindlichen und intimen Beziehung mit meinem Herrn. Während ich geistliche Kinder an verschiedenen Plätzen der Erde betreut habe, waren manche von ihnen schockiert, als sie meine Beziehung zum Herrn näher betrachteten. Ich achte Gott und lebe in Ehrfurcht vor ihm, aber ich weigere mich, eine religiöse Beziehung zu ihm zu haben, weil ich weiß, dass ihm das nicht gefällt. Es ist das religiöse Denken, das uns beibringt, dass die äußere Haltung wichtig ist, mit der wir vor Gott treten, wo doch in Wirklichkeit die Einstellung unseres Herzens zählt.

Schon seit meiner Kindheit habe ich eine bestimmte Bibelstelle kostbar gefunden. Sie steht in Hebräer 4,14-16:

Da wir nun einen großen Hohenpriester haben, der die Himmel durchschritten hat, Jesus, den Sohn Gottes, so lasst uns festhalten an dem Bekenntnis! Denn wir haben nicht einen Hohenpriester, der kein Mitleid haben könnte mit unseren Schwachheiten, sondern einen, der in allem versucht worden ist in ähnlicher Weise (wie wir), doch ohne Sünde. So lasst uns nun mit Freimütigkeit hinzutreten zum Thron der Gnade, damit wir Barmherzigkeit erlangen und Gnade finden zu rechtzeitiger Hilfe!

Die Bibel sagt uns, dass wir uns Gott kühn nähern sollen. Leider sagen einige Übersetzungen „zuversichtlich", dessen Bedeutung nicht stark genug ist. Die Originalsprache drückt etwas stärkeres aus als nur Zuversicht. Es bezeichnet eine feste Überzeugung ohne irgendwelche Angst. Religion sagt uns immer, dass wir mit einer Haltung der Gottesfürchtigkeit vor Gott kommen sollen. In Wirklichkeit möchte Gott, dass wir mit solcher Kühnheit vor seinem Thron stehen, dass wir furchtlos alles ergreifen, wofür Christus bezahlt hat. Ich glaube, das ist die Haltung die dem Vater gefällt.

Wir müssen aufhören, darauf zu warten, dass Gott uns immer wieder Dinge gibt, von denen er klar ausgedrückt hat, dass sie schon uns gehören. Wir müssen lernen, wie ich dir durch das Beispiel, wie man empfängt, zeigte, diese Dinge zu ergreifen und unser Leben in der Freiheit Christi zu genießen.

Ich erinnere mich an die Zeit, als unsere Söhne 2 und 4 Jahre alt waren und Gott mir auftrug, meine Arbeit niederzulegen und mich völlig darauf zu konzentrieren, Gemeinden in Österreich zu gründen. Wir hatten gerade unsere dritte Gemeindegründung begonnen und die ersten beiden Gemeinden waren noch klein und unfähig, mir ein Gehalt zu zahlen. Wir hatten bereits Versammlungsgebäude für die zwei Gemeinden gemietet und arbeiteten unermüdlich an der Evangelisation von Menschen.

Zuvor hatte ich in einem säkularen Bereich gearbeitet, gewöhnlich 60 Stunden die Woche, und habe viele zusätzliche Stunden den Gemeinden geschenkt. Als die Ansprüche im Dienst des Herrn größer wurden, hat Gott zuerst zu Debi und dann zu mir gesprochen, dass es Zeit sei, die Arbeitsstelle aufzugeben und ihm dafür zu vertrauen, uns zu versorgen.

Die nächsten zwei Jahre waren wunderbare Jahre, in denen wir vollkommen vom Herrn abhängig waren, uns zu versorgen. Unzählige Wunder der Versorgung geschahen ständig. Es gab eine Zeit, in der zwei ehemalige Drogenabhängige mit unserer Familie lebten. Eines Morgens stand ich auf und die neuen Familienmitglieder standen in unserem Wohnzimmer und sagten zu mir: „Reinhard, du hast uns gesagt wir könnten mit dir leben und du würdest dich um uns kümmern, aber der Kühlschrank ist leer und es gibt kein Essen im Haus."

Erinnere dich daran, dass ich dir zuvor gesagt hatte, dass Debi und ich uns weigerten, Schulden zu machen. Unser Geld war weg und deswegen konnten wir keine Nahrungsmittel einkaufen. Ich holte das Paar, meine Frau und meine zwei kleinen Buben. Wir hielten uns im Wohnzimmer an der Hand und ich sagte etwas wie: „Vater, ich danke dir, dass dein Wort klar ist, dass du versprochen hast, immer für deine Kinder zu sorgen. Wir sind hungrig und brauchen Essen. Wir danken dir für Frühstück und glauben, dass es uns gehört." Als ich das sagte, hörte ich, wie draußen vor dem Haus eine Autotür geschlossen wurde. Ich sagte schnell „Amen", ließ die Hände los und rannte die Treppe hinunter, um nach draußen zu gehen. Nirgendwo war ein Auto zu sehen, aber dafür eine sehr große Schachtel, bis zum Rand gefüllt mit Lebensmitteln. So ergreifen wir, was uns bereits gegeben wurde. Wir danken Ihm einfach dafür, was schon uns gehört, in vollkommener Zuversicht des Glaubens.

Ein wichtiger Teil dessen, ohne Einschränkungen zu leben, ist es, unsere Identität fest in Christus verankert zu haben. In der

Geschichte des Verlorenen Sohnes, die den meisten Christen ja gut bekannt ist, sehen wir drei Gesinnungen. Gewöhnlich bezieht man sich mit einer dieser drei Haltungen auf Gott. Nur die richtige wird uns garantieren, dass wir freimütig das ergreifen können, was uns schon gehört. Die erste Gesinnung war die Mentalität eines Dieners, wie wir sie klar im älteren Bruder sehen. Als der jüngere Bruder nach Hause kam, nachdem er das gesamte Erbe des Vaters verschwendet hatte und der Vater ihm eine große Party schmiss und dem Sohn alles wiedergutmachte, verweigerte der ältere Bruder seine Teilnahme an dem Fest. Der Grund für seinen Unmut war seine Dienermentalität, wie wir in Lukas 15,29 erkennen können:

> *Er aber antwortete und sprach zum Vater: Siehe, so viele Jahre diene ich dir und habe nie dein Gebot übertreten; und mir hast du nie einen Bock gegeben, damit ich mit meinen Freunden fröhlich sein kann.*

Das war überhaupt nicht wahr, da der Vater ihm gesagt hatte, dass alles, was ihm gehörte, er ebenso hätte haben können. Er sah sich selbst als einen Diener, nicht als Sohn. Wenn du dich als Diener Gottes siehst und nicht als geliebte(r) Tochter/Sohn, wirst du immer Mangel haben, weil du dir nicht nimmst, was dir gehört.

Die zweite Gesinnung ist die eines Waisen. Als der jüngere Sohn nach Hause kam, hat er ganz deutlich eine Waisenmentalität zur Schau gestellt, wie wir in Vers 21 sehen:

> *Der Sohn aber sprach zu ihm: Vater, ich habe gesündigt gegen den Himmel und vor dir, und ich bin nicht mehr wert, dein Sohn zu heißen!*

Er betrachtete sich selbst als nicht mehr würdig, ein Sohn zu sein. Was ich in dieser Geschichte liebe, ist die Tatsache, dass der Vater seine Aussage ignorierte und ihn als Antwort darauf mit Liebe überschüttete.

Die dritte Gesinnung ist die eines Sohnes. Endlich nimmt der Sohn die vollkommene Wiederherstellung an und konnte im Hause des Vaters als Sohn leben. Wenn ich meine Eltern in Österreich besuche, dann gehe ich in die Küche, öffne den Kühlschrank und bediene mich, obwohl ich sie vielleicht lange nicht besucht habe. Ich bin ein Sohn. Nur Söhne nehmen ihr Erbe unerschrocken ein.

Kapitel 8

Glauben anwenden

Die Grundlage des Christentums ist Glauben, für den der große Reformator Luther gekämpft hat. Die Bibel sagt, dass es ohne Glauben unmöglich ist, Gott zu gefallen (siehe Hebräer 11,6). Wenn ich in einer Lage wäre, in der ich die Fürbitte anderer Menschen benötigte, um mein Leben zu retten, und ich müsste wählen zwischen eintausend Menschen, die intensiv eine Nacht lang durchbeten in der Hoffnung, dass Gott mein Leben retten würde, oder einer Person, die eine Minute lang ein glaubenserfülltes Gebet spricht, dann würde ich letztere wählen. Mir ist absolut klar geworden, dass Gebet ohne Glauben absolut wertlos und nichts außer religiöse Aktivität ist.

In meinem Wandel mit Jesus, den ich im Alter von sieben Jahren begann, habe ich zu viele Gebete in Hoffnung verschwendet, anstatt im Glauben zu beten. Diese Art von Gebeten bedrückt unser Herz, frustriert unser christliches Leben und wird irgendwann zu einer religiösen Routine. Wenn wir Tag für Tag, Woche für Woche, Monat für Monat und manchmal Jahr für Jahr dieselben Gebete sprechen, ohne sie beantwortet zu sehen, dann macht unser Herz einfach zu. Ich habe festgestellt, dass man viele Leute und sogar sich selbst täuschen kann, aber nicht sein Herz.

Ich habe eine Geschichte über eine langanhaltende Dürre in einem Teil der USA gehört, unter der die Bauern fürchterlich litten. Eines Tages sagte der Pastor der Gemeinde zur Versammlung: „Heute Abend werden wir bei unserem Treffen alle zusammen beten und übereinstimmen, dass Gott Regen sendet!“

Nur ein kleines Mädchen kam mit einem Schirm zur Versammlung. Unglücklicherweise schaut so das Gebetsleben der meisten Christen aus. Es ist glaubenslos und daher tot. Sie sind mehr überrascht, wenn Gott ihre Gebete wirklich beantwortet, als umgekehrt.

Wenn du die Evangelien aufmerksam durchliest, wirst du feststellen, dass die größte Frustration im Leben Jesu nicht damit zusammenhing, dass seine Jünger viele Charakterfehler hatten oder unreif waren; es waren ihre ungläubigen Herzen. Meiner Meinung nach ist eine der traurigsten Feststellungen in den Evangelien diejenige, wo Markus uns erzählt, dass selbst Jesus wegen ihres Unglaubens nicht viele Wunder vollbringen konnte (siehe Matthäus 13,58). Stell dir vor, Jesus geht umher, heilt die Kranken und weckt sogar Tote auf, aber ihr Unglaube begrenzt seine Kraft.

In jener Nacht, als der Herr mich aufweckte und mich so viele wichtige Dinge lehrte, sagte er noch etwas, worüber ich im Buch „Leben aus der Fülle des Neuen Bundes" berichte. Er sagte mir, dass eine der größten Betrübnisse seines Herzens das Fehlen des angewendeten Glaubens im Leben seiner Kinder ist.

Das hat mich überrascht, weil ich nicht begriff, was angewendeter Glaube bedeutete. Der Herr und ich hatten eine ziemlich lange Unterhaltung in jener Nacht, nach der es mir unmöglich war, zu schlafen. So verbrachte ich den Rest der Nacht betend und meditierend. Was dem Herrn so wichtig erschien, war seine Definition von angewendetem Glauben, die er mir gab. Er sagte mir, dass das Glaube sei, der aufhört, ihn um Dinge zu bitten, die er bereits gegeben hat, sondern ihm vielmehr dafür dankt, sie bekennt und dann dementsprechend handelt. Diese Umstellung ist in unserem Denken und Herzen schwer zu vollziehen, nicht etwa wegen Gott oder der Schriften, sondern weil Religion unseren christlichen Glauben infiltriert hat. Veränderung ist immer schwierig; besonders wenn es darum geht, seit Generationen fest etablierte Gewohnheiten zu konfrontieren. Ich bin zutiefst davon überzeugt, dass der Mangel an angewendetem Glauben eine Missachtung des Kreuzes ist.

Die Veränderung schaffen

Im neuen Bund hat sich alles geändert. Im Alten Bund hat Gott auf unseren Glauben hin gehandelt, während im Neuen Bund unser Glaube die Antwort darauf ist, was Gott durch das vollendete Werk am Kreuz bereits getan hat. Errettung ist genauso. Jesus starb für die gesamte Welt. Gott wartet nicht darauf, dass Menschen an das Opfer am Kreuz glauben, und antwortet dann vom Himmel, um sie zu retten. Gott hat es jedem Menschen freigestellt, Errettung zu empfangen. Diejenigen, die im Glauben auf das antworten, das Er bereits getan hat, werden errettet werden.

Im Alten Testament bitten wir Gott darum, uns einen Scheck für eine Million Riels auszustellen, wohingegen er uns im Neuen Bund bereits einen Blankoscheck durch das Opfer Christi ausgestellt hat, der mit dem Blut Christi unterschrieben wurde. Das bedeutet, dass du Gott nicht um einen anderen Scheck bitten musst, sondern einfach den vorhandenen Scheck bei der Himmelsbank einreichen und kassieren kannst, indem du Ihm dafür dankst, ihn empfängst und dann im Glauben daran festhältst, dass Er dir gehört. Das ist angewendeter Glaube. Unser Glaube wird einfach die Antwort auf das, was Gott bereits getan hat.

Lasst uns eine schlichte Frage stellen, während wir auf das vollendete Werk Christi schauen: „Hat Jesus für unsere Heilung bezahlt?“ Das ist eine wichtige Frage, die du in deinem Herzen beantworten musst. Meinem Verständnis nach ist die Antwort klar: „Ja!“ Aber wie wendest du jetzt praktischen Glauben an, um deine Heilung zu erhalten? So radikal, wie es sich anhört:

Du musst aufhören, Gott um deine Heilung zu bitten. Sehr viele Menschen sind zu mir gekommen, damit ich für sie um körperliche Heilung bitte. Wenn die Symptome nicht unmittelbar verschwanden und sich die Heilung nicht im selben Moment manifestierte, sind sie weiter herumgelaufen, um so viele Gebete wie möglich zu erhaschen.

Dies war eines der Dinge, die einen meiner Glaubenshelden (Smith Wigglesworth) außerordentlich frustrierte. Wenn Menschen zu ihm zurückkehrten, um wieder Gebet zu empfangen, obwohl er bereits einmal für sie gebetet hatte, weigerte er sich, nochmals für sie zu beten. Er war sicher, dass dies ein Zeichen des Unglaubens war, und mit solchem Unglauben konnte kein Wunder geschehen. Du musst verstehen, dass er kein gewöhnlicher Prediger war, sondern ein Mann, der Menschen von den Toten auferweckte, und genauso viele erhielten Heilung einfach dadurch, dass er an ihnen vorbeiging.

Was sollen wir denn sonst tun, um Heilung zu empfangen, wenn wir Gott nicht darum bitten sollen, uns zu heilen? Da Heilung uns ja schon gehört, müssen wir dafür glauben und sie durch Glauben beanspruchen. Das ursprüngliche Wort für Errettung beinhaltet Heilung, was durch ein Studium des Neuen Testaments ganz klar bewiesen werden kann. Wenn du heute jemandem das Evangelium mitteilst und diese Person durch Glauben Christus als ihren Erretter annimmt, was würdest du denken, wenn sie täglich zu dir zurückkäme und dich bäte, wieder mit dir um Errettung zu beten? Gewiss würdest du nicht noch einmal beten. Du würdest ihr erklären, dass - unabhängig davon, wie sie sich fühlt - sie bereits errettet ist. Warum machen wir mit all den anderen Vorkehrungen Gottes im Paket der Errettung dann solch einen Unterschied zu Errettung von Sünde? Wir müssen einfach glauben, Ihm dafür danken, es als Wahrheit bekennen und dementsprechend agieren. Es bedeutet, dass unser Bekenntnis sich von „Ich bin krank“ zu „Ich bin geheilt“ verändern muss.

Viele Menschen fragen mich, ob im Glauben leben denn bedeuten würde, dass sie keine Medizin mehr nehmen oder zum Arzt gehen könnten. Ich danke Gott für gute Ärzte, obwohl ich kein großer Freund von Medikamenten bin, weil die Nebenwirkungen oft mehr Schaden anrichten, als die Medizin nützt. Aber das ist meine persönliche Meinung. Ich habe beides in meinem Leben in Anspruch genommen, Ärzte und Medikamente. Wir müssen in unserem Herzen vollkommen davon überzeugt sein, dass Gott nicht will, dass wir unter Krankheit leiden, sondern dass wir gesund sind. Ich finde es heuchlerisch, zu sagen, dass Gott manchmal will, dass seine Kinder krank sind, und dann doch medizinische Hilfe in Anspruch zu nehmen. Wenn es wirklich Gottes Wille für dich ist, krank zu sein, dann leide mit einem Lächeln auf deinen Lippen und Dankbarkeit im Herzen, anstatt zu versuchen, den Willen Gottes in deinem Leben aufzuhalten. Gebrauche, was immer du für dich am besten glaubst, um gesund zu werden und zu bleiben, aber wünsche und verlange göttliche Gesundheit, indem du deinen Glauben anwendest. Erlaube deinem Herzen nicht, dich zu verdammen.

Verändere deinen Fokus

Indem wir Gott ständig anbetteln, uns Dinge zu geben, legen wir unseren Fokus auf das Problem, während Gott möchte, dass wir unser Hauptaugenmerk auf die Lösung richten. Jede Verheißung Gottes gehört bereits uns, wie er es uns eindringlich in 2. Korinther 1,20 sagte. Diese Blankoschecks sollst du kühn einkassieren:

> *Denn so viele Verheißungen Gottes es gibt - in ihm ist das Ja, und in ihm auch das Amen, Gott zum Lob durch uns!*

Wie oft haben wir in unserem Gebetsleben eher die schwierige Situation im Auge gehabt als den Sieg Christi? Ich glaube, dass dieser Fokus Glaube zerstört. Wir beten darum, dass Krankheit weggeht, anstatt zu bekennen, dass wir geheilt sind. Wir beten um Hilfe darum, unsere Sünde zu überwinden, anstatt zu bekennen, dass wir der Sünde gestorben und gerecht sind. Wir bitten darum, dass unser materieller Mangel ausgeglichen wird, anstatt zu bekennen, dass wir gesegnet und wohlhabend sind. Auf diese Art und Weise haben meine Frau und ich Waisenhäuser in Brasilien gebaut und werden das auch weiterhin tun. Wenn ich ständig bittend und bettelnd zu Gott kommen würde, wenn es eine finanzielle Not in einem unserer Kinderheime gibt, und nur auf meine Bedürfnisse ausgerichtet wäre, dann würde mein Glaube sehr entmutigt sein. Ich danke Ihm für seine Güte, Versorgung, dass wir gesegnet sind und dass uns mehr gegeben wurde als wir brauchen, und das Geld taucht immer auf unserem Konto auf.

Mach es auf Gottes Weise

Lass uns das perfekte Beispiel unserer Errettung nehmen, da das ja der Beginn unseres Christenlebens war. Wenn wir Römer 10,8-11 analysieren, sehen wir ein sehr klares Muster:

> *Sondern was sagt sie? „Das Wort ist dir nahe, in deinem Mund und in deinem Herzen!" Dies ist das Wort des Glaubens, das wir verkündigen. Denn wenn du mit deinem Mund Jesus als den Herrn bekennst und in deinem Herzen glaubst, dass Gott ihn aus den Toten auferweckt hat, so wirst du gerettet. Denn mit dem Herzen glaubt man, um gerecht zu werden, und mit dem Mund bekennt man, um gerettet zu werden; denn die Schrift spricht: „Jeder, der an ihn glaubt, wird nicht zuschanden werden!"*

Hier sehen wir folgendes Muster: Erstens, das Wort ist dir nahe, nicht weit weg, nicht oben im Himmel bei Gott (Vers 8). Zweitens, du bekennst mit deinem Mund (Vers 9). Drittens, du glaubst in deinem Herzen (Vers 9). Was ich so am Evangelium liebe, ist, dass es so einfach ist, dass ein Kind es verstehen könnte. Ich glaube, es ist fair zu fragen: „Woher haben wir die Idee, dass wir Gott darum bitten müssen, uns zu erretten?" Gott hat mir die Errettung schon lange, bevor ich sie im Glauben annahm, gegeben. Sie war immer schon da, frei zu nehmen. Nachdem Errettung Heilung, Wohlstand, Schutz und viele solcher Dinge inkludiert, ist dasselbe Muster auch dafür anzuwenden, wie am Anfang des Verses beschrieben.

Religion hat uns gelehrt, dass - wenn wir eine Not oder ein Problem haben - wir Gott darum bitten müssen, es zu beseitigen, aber in Wirklichkeit haben Christen keine Probleme, sondern nur Gelegenheiten, angewendeten Glauben zu praktizieren. Die große Gefahr in der Gewohnheit, Gott um Dinge zu bitten, die er uns schon gegeben hat, liegt darin, dass wir beten und wenn nichts passiert, noch mehr und intensiver beten. Wenn noch immer nichts geschieht, legen wir noch ein Fasten drauf, während wir versuchen, Gott davon zu überzeugen, etwas zu unternehmen. Wenn das Gebet unbeantwortet bleibt, leben wir einfach weiter und Gebet wird zu einer religiösen Übung. Währenddessen ist unser Herz enttäuscht worden, weil wir nur Religion praktiziert haben und versuchten, eine Antwort auf unser „Werk des Gebetes" zu erhalten. Das bleibt stets erfolglos und ist sogar gefährlich.

Ich genieße viel lieber die süße Gegenwart und Gemeinschaft mit Jesus in meinem Gebet, anstatt mich damit abzumühen, ihn davon zu überzeugen, mir zu geben, was ich will. Ich glaube sogar, dass solch religiöse Gebete Sünde sein können. Römer 14,23 besagt:

Wer aber zweifelt, der ist verurteilt, wenn er doch isst, weil es nicht aus Glauben geschieht. Alles aber, was nicht aus Glauben geschieht, ist Sünde.

Alles, was nicht aus Glauben ist, ist Sünde. Daher fallen glaubenslose Gebete in diese Kategorie. Ich kann mir vorstellen, dass jetzt Tausende Fragen durch deine Gedanken rasen. Lass mich dir eine wahre Geschichte erzählen, die angewendeten Glauben verdeutlicht. Im Jahr 1985 begann ich, Gemeinden in Österreich zu gründen und hatte den Eindruck, ein 30-tägiges Fasten, nur mit Wassertrinken, zu halten. Also beschloss ich, außer Wasser nichts zu trinken, nicht einmal Saft. Ich war ohnehin schon schlank und es war ein großer Glaubensschritt, ein solch langes Fasten zu halten. Am 21. Tag war ich in solch unglaublicher physischer Qual, dass es beinahe unerträglich war. Ich hatte soviel Gewicht verloren, dass ich nur mehr Haut und Knochen war. Ich schrie zu Gott um die Kraft, mein Fasten fortzusetzen, aber meine Gebete blieben unerhört. Ich erinnere mich, dass ich am Boden rollte und dachte, dass ich sterben könnte, wenn ich mein Fasten nicht beenden würde.

Dann sprach Gott zu mir ganz klar und sagte: „Hör auf, mich um Kraft zu bitten, steh auf und sei stark im Herrn und in der Macht seiner Stärke!“ Ich wusste, dass dies ein Zitat aus Epheser 6,10 war. Ich musste jetzt eine Entscheidung treffen, ob ich mich weiterhin am Boden in Agonie wälzen und auf die Stärke des Herrn warten sollte, oder ob ich mit angewendetem Glauben leben wollte. In meiner Schwäche und mit Schmerzen stand ich auf und erklärte im Glauben, dass ich stark sei, im Herrn und in der Macht seiner Stärke. Sofort durchströmte seine Kraft meinen Körper, der Schmerz war weg und ich habe mein Fasten ohne Probleme zu Ende gebracht. Leider wollen die meisten Christen Resultate sehen, bevor sie glauben - das ist jedoch kein Glaube.

„Aber was ist mit Matthäus, bitte, klopfe, suche und all die anderen Konzepte, die wir in unserem Christenleben gelernt haben?“ Sorge dich nicht darum, sei geduldig. Ich werde das in den folgenden Kapiteln beantworten.

Kapitel 9

Wie wir beten sollen

Die folgenden Kapitel werden deinen Verstand ganz schön durcheinanderbringen und ich kann das gut verstehen, war es doch auch so bei mir, als Gott begann, mich diese Wahrheiten zu lehren. Ich bitte dich nur, aufgeschlossen zu bleiben und dein Herz dafür zu öffnen, Gottes Wege zu lernen. Bitte Gottes Geist in dir, dich zu lehren. Es ist mein Gebet, dass du nicht meine Worte in diesem Buch hörst, sondern die Worte Gottes, die dein Leben wirklich verändern werden.

Menschen, die bereit waren, solch einen radikalen Schwenk in ihrem Gebetsleben zu vollziehen, haben unglaublichen Segen erfahren. Beinahe alle, mit denen ich gesprochen habe, gingen am Anfang ihres Lernprozesses durch schwierige Kämpfe, da sie während ihres Christenlebens falsche Gewohnheiten verinnerlicht hatten. Als sie die Veränderung jedoch einmal vollzogen hatten, erlebten sie in ihrem gesamten Dasein als Christ eine neue Freiheit.

Gebet ist ein wunderbares Geheimnis. Es ist eine Einladung von Gott, mit Ihm zusammenzuarbeiten. Ich betrachte es als eines der größten Privilegien, die Gott seinen Kindern einräumt. Jemand sagte, dass, wo es kein effektives Gebetsleben gibt, das Herz des Christenlebens aufhört zu schlagen und zu einem toten Körper von Formalitäten, Traditionen und Dogmas wird. In meinem persönlichen Erleben von beinahe 50 Jahren Wandel mit Jesus sehe ich, dass ich ohne beständiges und stabiles Gebetsleben nicht funktionieren kann. Mein Leben ist genauso fruchtbar wie mein Gebetsleben. Wenn ich solche Aussagen mache, dann stellen sich viele Menschen vor, dass ich von stundenlangem Reden mit Gott spreche. Du wirst jedoch in diesem und den folgenden Kapiteln feststellen, dass ich überhaupt nicht das damit meine.

Die Bibel spricht viel über Gebet, aber unglücklicherweise wird das vom Großteil der Christenheit missverstanden. Wenn wir über Gebet sprechen, dann denken Christen gewöhnlich daran, zu Gott zu kommen, ihm deine Probleme zu erzählen und ihn darum zu bitten, sie zu beseitigen. Viele evangelikale Christen sind mit ihrem Gebetsleben frustriert, weil es mehr zu einer Verpflichtung als zu einer Freude geworden ist. Am Anfang meines Christenlebens habe ich mein Gebet ebenso auf alttestamentarischen Prinzipien und Konzepten basiert. Die ganze Zeit hat mein Herz sich jedoch nach einer anderen Art von Freiheit gesehnt. Ich wusste, dass dem Gebet eine tiefere Bedeutung zukommen musste, als ich es erlebte. Ich war in einer Christengemeinde aufgewachsen, unser Zuhause war sogar an das Gemeindegebäude angebaut, und eines Tages, als siebenjähriger Junge, schlich ich mich in meinem Pyjama aus meinem Bett hinunter ins Kirchengebäude, wo gerade ein ganznächtiges Gebetstreffen stattfand. In jener Nacht gab ich Jesus mein Leben. Ich wurde von klein auf gelehrt, dass Gebet Teil meines Lebens sein musste. Ich war total verliebt in Jesus, erlebte aber viele Enttäuschungen aufgrund von vielen unbeantworteten Gebeten.

Während ich erwachsen wurde, blieb dieser Hunger nach ausgiebiger Gebetszeit. 1982 beschloss ich, dass ich jede Freitag Nacht bis zum Samstag Morgen im Gebet verbringen würde. Ich bin sicher, dass Gott mein Herz sah und meine vielen falschen Vorstellungen über Gebet verstand. Ich bin dem Heiligen Geist zutiefst zu Dank verpflichtet dafür, dass er mich eine andere Art des Gebetes gelehrt und in tiefere Wasser geführt hat. Gebet ist Freiheit, keine Verpflichtung! In der Bibel sind 650 Gebete und ca. 450 Antworten auf Gebete niedergeschrieben. 25 Mal wird

Jesus im Gebet erwähnt. Paulus erwähnt Gebet 41 Mal. Es sind mindestens fünf Gebetshaltungen aufgeführt, wie Sitzen, Stehen, Knien, mit dem Gesicht nach unten ausgestreckt und Beten mit erhobenen Händen. Du kannst dir aussuchen, was dir liegt. Es sind neun verschiedene Arten von Gebet niedergeschrieben. Diese wurden oft miteinander vermischt oder verwechselt oder mit einer Haltung des Alten Bundes gebetet.

In unserem Wandel mit Jesus müssen wir lernen, von ganzem Herzen im Neuen Bund zu leben, ohne jedwede Vermischung mit dem Alten Bund. Einfach gesagt, der Unterschied zwischen dem Alten und dem Neuen Bund ist die Art von Beziehung, mit der Gott zu uns steht. Im Alten Bund agiert er mit uns durch den Gehorsam dem Gesetz gegenüber, während er im Neuen Bund nur durch Jesus Christus mit uns in Beziehung steht. Gebet kann also ein Werk des Gesetzes werden wie alles andere auch. Wir sollten uns selbst ständig daran erinnern, dass es mit Gott kein Verhandeln gibt. Gebet darf nicht dazu benützt werden, einen Tauschhandel mit Gott zu machen. Zum Beispiel so: „Ich gebe dir mein Gebet, und Du gibst mir, worum ich bitte." Der einzige Austausch im Leben eines Christen geschah am Kreuz und wurde durch Jesus selbst bezahlt. Jesus zeigte uns in Matthäus 6, dass die Betonung nicht auf unseren Gebeten liegt, sondern auf einem Vater im Himmel, der es liebt, auf unsere Gebete zu antworten.

Kürzlich machte ich in einer Gemeinde eine Bemerkung, die die gesamte Versammlung schockierte, bis ich sie erklärte. Ich sagte nur, dass ich glaube, es gäbe keine Kraft im Gebet. Dann sagte ich ihnen, dass Buddhisten auch beten, und doch gibt es keine Reaktion auf ihre Gebete. Hindus beten, aber ihr Leben bleibt unverändert. Verschiedene Religionen beten zu unterschiedlichen Göttern auf vielerlei Weise, und doch gibt es keine Antwort.

Die Kraft liegt nicht in unseren Gebeten oder uns, sondern in einem fürsorglichen Vater im Himmel, der sich unendlich danach sehnt, die Gebete seiner Kinder zu erhören. Ich glaube, wir müssen neu lernen, zu beten und das Hauptaugenmerk von uns weg auf Gott richten. Das Problem in den Gemeinden ist nicht so sehr der Mangel an Gebet als die Abwesenheit von wahrem, in Besitz nehmendem Glauben. Wenn wir eine Not haben, beten wir unermüdlich und meinen, dass wir Gott darum bitten, uns zu geben, was wir brauchen. Und doch: Am Ende unserer Gebetszeit gehen wir weg und sind nicht überzeugt davon, dass das, worum wir gebeten haben, nun auch uns gehört. Daher wiederholen wir dieselben Gebetsanliegen, so als wollten wir Gott davon überzeugen, für uns zu sorgen. Das größte Hindernis in unserem Gebetsleben ist der Mangel an Erkenntnis für und Glauben an seine Güte.

In der Bibel gibt es viele Wörter, die sowohl im Alten als auch im Neuen Bund gleich sind. Was anders ist, sind nicht die eigentlichen Wörter, sondern der Prozess und die Anwendung, die tatsächlich radikal anders sind. Zum Beispiel Gerechtigkeit, Heiligung und Gebet sind Wörter, die man in beiden Testamenten findet und die sowohl unter dem Alten als auch dem Neuen Bund Anwendung finden. Wir haben begonnen, den Unterschied im Ablauf und der Anwendung von Gerechtigkeit und Heiligung im Neuen Bund zu verstehen, aber wenn es um Gebet geht, scheinen die Menschen im Prozess und der Anwendung des Alten Bundes stecken geblieben zu sein.

Mit anderen Worten, unter dem Alten Bund bedeutete Gerechtigkeit, vor Gott gerecht und angenommen zu stehen. Es bedeutet genau dasselbe im Neuen Bund. Der Unterschied liegt darin, wie wir dahin kommen, im Ablauf also. Im Neuen Bund wird uns Gerechtigkeit als freies Geschenk durch Jesus angeboten, das uns zugerechnet wird, indem wir es annehmen. Dasselbe gilt für Heiligung, was bedeutet, heilig oder für Gott ausgesondert zu sein. Im Alten Bund war Heiligung etwas, das ich tun musste. Im Neuen Bund wird es mir als Geschenk angeboten.

Wenn es um Gebet geht, scheint die Gemeinde im Allgemeinen diesen Wandel noch nicht vollzogen zu haben. Ich kann dir gar nicht sagen, in wie vielen Gebetstreffen ich war, in denen die Menschen durch 2. Chronik 7,14 motiviert wurden:

> *... und mein Volk, über dem mein Name ausgerufen worden ist, demütigt sich, und sie beten und suchen mein Angesicht und kehren um von ihren bösen Wegen, so will ich es vom Himmel her hören und ihre Sünden vergeben und ihr Land heilen.*

Vielleicht fragst du dich, was denn falsch sei daran, diesen Bibelvers in einer neutestamentlichen Gebetsversammlung zu verwenden. Es ist nicht falsch, Christen dafür zu ermutigen und zu motivieren, für ihr Land oder ihre Stadt zu beten, aber es ist ganz falsch, dafür diese Schriftstelle zu benutzen. Dieser Vers ist eine Methode aus dem Alten Bund, die auf unseren Werken und unserer eigenen Gerechtigkeit basiert. Schau dir den Kontext im Vers 13 an:

> *Wenn ich den Himmel verschließe, so dass es nicht regnet, oder den Heuschrecken gebiete, das Land abzufressen, oder wenn ich eine Pest unter mein Volk sende ...*

Um zu wissen, was unter dem Alten Bund geschah, ist es wichtig für uns, diesen Vers zu verstehen. Wenn Gottes Volk sündigte, kam für die Übertretung des Gesetzes auf sie eine Strafe. Seine Strafe beinhaltete Flüche wie Seuchen, Dürren oder Insekten, die ihre Ernte zerstörten. Im Neuen Bund hat Gott die Sünden der gesamten Welt auf Jesus Christus gelegt. Das nennt man Gnade, die zu wunderbar ist, um sie in vollem

Umfang zu verstehen. Es gibt heute auf der ganzen Welt keine Nation, die wegen ihrer Sünde oder ihrer Boshaftigkeit verflucht ist. Viele Länder scheinen es zu sein, aber das hat nichts mit Gott zu tun. Die Menschen zerstören sich und ihre Länder selbst mit ihrer Schlechtigkeit, ihrem Egoismus und ihrer Gier.

Wenn Gottes Volk im Alten Bund diese schmerzvollen Strafen erlitten, war es nicht genug für sie, einfach zu beten; sie mussten sich demütigen und von ihren bösen Wegen umkehren, wird uns in Vers 14 gesagt. In einfachen Worten ausgedrückt, sie mussten von ihrer Sünde umkehren, was bedeutet, sie mussten ihre Sünde verlassen, bevor Gott ihre Gebete erhören würde. Im neuen Bund steht jede Person, die in Christus ist, vollkommen rein und gerecht vor Gott und hat daher ein legales Recht darauf, unbeachtet ihrer Werke, dass ihre Gebete erhört sind. Kannst du sehen, wie wichtig es für uns ist, gemäß dem Neuen Bund zu beten?

Nachdem das Neue Testament zwar über Gebet spricht, uns aber keine klare Definition darüber gibt, wie es gemacht wird oder was es wirklich bedeutet, haben die meisten Christen automatisch das genommen, was sie über Gebet aus dem Alten Testament gelernt haben. Ich glaube, dass die nächsten Kapitel das Potential haben, dein Gebetsleben radikal von einer schwierigen Pflicht in eine freudvolle Erfahrung zu verwandeln. Um dieses Ziel zu erreichen, ist es wichtig, zwischen den verschiedenen Arten von Gebeten zu unterschieden. Ich werde nur über die meines Erachtens zwei wichtigsten und üblichsten Arten von Gebet unter Christen sprechen. Das erste ist Fürbitte und das zweite ist unser privates Gebetsleben, welches im Kämmerlein geschehen sollte, so wie Jesus es gelehrt hat.

Ich habe in meiner persönlichen Gebetsreise mit Gott so viele wunderbare Erfahrungen gemacht. Es ist sehr wichtig, dass wir das wahre Geheimnis des Gebetes des Neuen Bundes lernen, da das Gebet vieler Christen ihrem Leben viele Einschränkungen auferlegt. Gott ist ein erstaunlicher Gott und wünscht sich, dass seine Kinder zu ihm aufgrund ihrer Beziehung zu ihm beten, nicht aus Verpflichtung. Wir müssen lernen, ihm während unserer Gebete zuzuhören und nicht nur zu versuchen, Ihn zu überzeugen, dass er uns etwas geben soll.

Als wir 1986 geheiratet hatten, war unsere Ehe sehr schwierig. Debi kam nur wenige Wochen vor unserer Hochzeit aus den USA nach Österreich. Sie sprach die Sprache ihres neuen Landes nicht, war nur an warmes Klima gewöhnt und musste sich mit -27°C in ihrem ersten Winter auseinandersetzen. Und noch dazu war ich kein guter, aufmerksamer Ehemann. Da unsere Ehe alles andere als glücklich war und ich in meiner Arroganz ihr dafür die Schuld zuschob, begann ich zu beten, dass Gott sie verändern möge. Bald nachdem ich zu beten begonnen hatte, fragte der Herr mich: „Warum bist du so besorgt um ihre Veränderung? Du solltest mit deiner beschäftigt sein und mich darum bitten, der Ehemann zu werden, den ich für sie habe und der mich in deinem Leben widerspiegelt.“ Das zeigt, wie leicht es uns fällt, falsch zu beten.

Kapitel 10

Die zwei wichtigen Gebete

Das erste wichtige Gebet, das wir ansprechen werden, ist die Fürbitte. Fürbitte bedeutet einfach, für jemand anderen einzustehen. Das kann eine Person sein, eine Angelegenheit, eine Stadt, ein Land usw. In der Fürbitte treten wir anstelle anderer um ein göttliches Eingreifen vor den Thron Gottes. Da der Heilige Geist unser ganzes Leben leiten sollte, glaube ich, dass dies auch für unser Gebetsleben gilt. Wir sollten lernen, in Einheit mit dem Heiligen Geist zu kooperieren, da er der größte Fürbitter ist. Fürbitte sollte keinesfalls als Manipulation Gottes oder anderer Menschen verwendet werden, nur damit wir bekommen, was wir wollen. Ich betrachte alle Manipulation als Hexerei und daher ist es für Gott abscheulich.

Da ja unter dem Neuen Bund alles mit dem vollbrachten Werk des Kreuzes beginnt, gilt dasselbe für Fürbitte. Gott ist derjenige, der es initiiert und wir antworten darauf. Wir müssen die Entscheidung treffen, unsere Körper als lebendige Opfer im Gebet vor Gott zu bringen, dürfen aber niemals vergessen, dass es der Heilige Geist ist, der uns in die Fürbitte führt. Uns wird im Römerbrief 8,26 gesagt, dass der Heilige Geist für uns bittet:

> *Ebenso kommt aber auch der Geist unseren Schwachheiten zu Hilfe. Denn wir wissen nicht, was wir beten sollen, wie sich's gebührt; aber der Geist selbst tritt für uns ein mit unaussprechlichen Seufzern.*

Weil er für jeden einzelnen Christen mit Gebeten eintritt, die in Worten nicht ausgedrükt werden können, wäre es da nicht eine gute Idee, sich Ihm anzuschließen? Das bedeutet, dass wir lernen müssen, für ihn empfindsam zu sein und seiner Richtung in der Fürbitte zu folgen. Viele Male leitete mich der Geist, so zu beten, wie es hier in Römer 8 beschrieben ist. Ich hatte keine Worte, um meine Gebete und die Bürde meines Herzens auszudrücken. Ich wusste, für wen ich betete, während tiefes Ächzen aus meinem Geist durch meinen Mund kam. Manchmal war ich auf dem Boden, unfähig aufzustehen, weil dieses Stöhnen zu stark war und die Bürde in meinem Geist so schwer, dass es mich im Bauch schmerzte. Die Resultate waren jedesmal erstaunlich. Woher haben wir die Idee, dass die einzige Art zu beten diejenige ist, bei der wir Worte aussprechen?

Ich betrachte es als lebenswichtig, dass Christen verstehen lernen, dass Gebet nicht bedeutet, Gott unseren Willen aufzuzwingen, sondern dass wir unseren Willen in völlige Übereinstimmung mit Gottes Willen bringen, damit SEIN Wille in und durch uns geschehen kann. Deshalb ist Fürbitte in Zusammenarbeit und Übereinstimmung mit dem Heiligen Geist so wichtig. Erlaube mir, dir einige meiner persönlichen Erfahrungen mitzuteilen, nicht um zu prahlen, da die Schrift uns ja vor Prahlerei warnt. Ich möchte sie hier einfach wiedergeben, damit du ermutigt und herausgefordert bist, zu lernen.

Es war 1995, zur Zeit als ich Gemeinden in Österreich gründete, als ich eine starke Bürde auf dem Herzen hatte, mich in eine abgelegene Hütte in den Bergen zurückzuziehen, um gemeinsam mit engen Freunden drei Tage pro Monat zu beten und zu fasten. Der Zweck war glasklar und wir blieben streng fokussiert. Wir würden für unser Land beten. Ich möchte, dass du verstehst, dass Österreich als eines der schwierigsten Länder in Europa galt, wenn es um die Verkündigung des Evangeliums ging. Alle Gemeinden des Landes waren klein, außer einer mit

200 Mitgliedern, die wir als Mega-Gemeinde betrachteten. Es gab weitverbreitete Gebiete ohne einen einzigen Christen, sogar ganze Städte, in denen niemand Christus kannte.

Wir haben Jahre auf diesem Berg betend für unser Land verbracht, während wir gleichzeitig das Evangelium predigten und Gemeinden in verschiedenen Teilen des Landes gründeten. Jahre später, ich predigte gerade in einer Gemeinde, kam eine Frau auf mich zu. Sie wollte wissen, ob es stimmt, was sie gehört hatte - nämlich, dass ich immer am Gipfel dieses bestimmten Berges betete. Ich bejahte.

Am Fuße dieses Berges war ein katholisches Dorf ohne Christen. Sie wollte den Zeitrahmen wissen, in welchen Jahren wir dort gebetet hatten. Als ich es ihr sagte, leuchtete ihr Gesicht auf. „Weißt du, dass während dieses Zeitrahmens 36 Menschen errettet wurden, ohne dass jemand kam, das Evangelium zu verkündigen? Ich war einer dieser Menschen“, sagte sie. „Ich begann die Bibel zu lesen und der Herr sprach durch sie zu mir; so gab ich mein Leben Jesus. Als ich mich mit anderen Leuten zusammenfand, die ebenfalls errettet worden waren, begannen wir einen Hauskreis und heute ist dort eine Gemeinde.“

Noch eine Erfahrung, die ich mit Fürbitte gemacht hatte, geschah während eines Urlaubsaufenthaltes in einem bestimmten Land. Es war zu einer Zeit, als gerade Wahlen in einem anderen Land dieser Erde begonnen hatten. Ich mag Nachrichten aus zwei Gründen nicht: Erstens bevorzuge ich gute Nachrichten vor schlechten, und zweitens möchte ich meine Informationen vom Himmel erhalten und nicht von der Erde. Dieses Land war an einem entscheidenden Moment seiner Geschichte angelangt, während zwei Kandidaten sich ein Kopf-an-Kopf-Rennen um die Präsidentschaft lieferten. Wie ich später herausfand, waren die Umfragen zugunsten des Kandidaten, der für das Land sehr schädlich gewesen wäre.

An einem bestimmten Abend in diesem Urlaub hat Gott mich aufgeweckt und mich an einen himmlischen Ort über diese Nation mit dem Wahlkampf gebracht. Während ich über dieser Nation und den geistlichen Mächten war, sah ich einen schrecklichen und grausamen dämonischen Krieg um dieses Land. Gott sagte zu mir: „Bete, Sohn, denn dieses Land ist in großer Gefahr!" Ich befand mich dann mehrere Stunden lang in intensiver Fürbitte. Dann sagte mir der Herr: „Der Sieg ist errungen. Du kannst zurück", und ich war wieder in meinem Schlafzimmer an meinem Urlaubsort. Ich habe diese Erfahrung in mein Gebetstagebuch geschrieben, damit ich nach der Wahl, die ja nur Wochen später stattfand, eine ordentliche Niederschrift haben würde. Zur Überraschung vieler Menschen, einschließlich vieler Nationen und politischer Leiter der Welt, hat derjenige die Wahl gewonnen, der eigentlich hätte verlieren sollen.

Obwohl ich glücklich bin über Fürbitte, müssen wir immer bedenken, dass nicht unsere Intensität den Himmel auf die Erde bringt, sondern unser Gebet im Glauben. Während wir lernen, mit dem Geist Gotte in der Fürbitte zusammenzuarbeiten, entfernen wir die Begrenzungen, denen wir so oft begegnen.

Wir sind alle zur Fürbitte berufen

Die Schrift macht klar, dass es der Auftrag aller Christen ist, Fürbitte zu tun. Paulus trägt uns in 1. Timotheus 2,1-4 auf:

> *So ermahne ich nun, dass man vor allen Dingen Bitten, Gebete, Fürbitten und Danksagungen darbringe für alle Menschen, für Könige und alle, die in hoher Stellung sind, damit wir ein ruhiges und stilles Leben führen können in aller Gottesfurcht und Ehrbarkeit; denn dies ist gut und angenehm vor Gott, unserem Retter, welcher will, dass alle*

Menschen gerettet werden und zur Erkenntnis der Wahrheit kommen.

Diese Schriftstelle trägt uns auf, dass wir zuallererst für unsere Regierung beten sollen. Kannst du dir vorstellen, wie unser Land aussehen würde, wenn jede Beschwerde, die jeder Christ über die Regierung ausspricht, stattdessen eine Fürbitte wäre? Hier wird uns gesagt, dass das Ergebnis der Fürbitte ein ruhiges und stilles Leben und die Errettung von Menschen sein wird. Ich erhalte ständig Nachrichten, in denen sich jemand über die korrupte Regierung beschwert. Ich schaue sie mir nicht einmal an, sondern lösche sie sofort. Darf ich dich mit einem radikalen Gedanken herausfordern? Der Gedanke ist, dass wir genau die Regierung haben, die ständig von Millionen Menschen, einschließlich Christen, deklariert wird. Wenn wir wollen, dass unser Land sich ändert, dann müssen wir lernen, für unsere Obrigkeiten zu beten und das zu bekennen, was Gott sagt anstelle der Nachrichten. Wir haben genug wunderbare Verheißungen und Prophezeiungen für unser Land, lasst uns sie aussprechen!

Paulus als ein Beispiel

Paulus war ein großes Beispiel, wenn es um Fürbitte geht. Wir lesen in all seinen Briefen, wie er ständig für die Gemeinden betet. Ich habe Pastoren gesagt, dass sie mehr Frieden und Frucht und weniger Stress und Probleme zu lösen hätten, wenn sie das Geheimnis des Apostels Paul lernen und Zeit in der Fürbitte für ihre Gemeinde verbringen würden. Hier ist eine kurze Zusammenfassung der Dinge, für die Paulus gebetet hat: für die Gemeinden, dass sie den Geist der Weisheit und Offenbarung in der Erkenntnis Gottes hätten und die Augen ihres Verständnisses geöffnet würden (s. Epheser 1,15); die Errettung seiner Nation (s. Römer 10,1); dass sie vollkommen seien (2. Korinther 3,19);

dass ihre Liebe überströmen würde, sie ohne Anklage seien und gefüllt mit den Früchten der Gerechtigkeit (s. Philipper 1,4-11); und dass sie voll der Erkenntnis von Gottes Willen seien, würdig des Herrn wandelten, ihm gefallen und gestärkt seien in Geduld und Ausharren (s. Kolosser 1,9-11).

Wenn jeder Pastor und Leiter diese Dinge für seine Gemeinde ernsthaft im Glauben beten würde, dann hätten wir kraftvolle und reife Gemeinden. Ich bin in meinem Herzen traurig darüber, dass Fürbitte oft nur als Reaktion auf ein Problem geschieht. Vor ungefähr 30 Jahren sprach Gott zu mir über die Wichtigkeit des vorsorgenden Gebetes. Die meisten Christen gebrauchen die Fürbitte als einen Feuerlöscher, während vorsorgendes Gebet das Feuer verhindert. Im vorsorgenden Gebet gibt es keine Ehre für Menschen, da sich ja erst in der Ewigkeit zeigen wird, was geschehen wäre, hätte nicht jemand gebetet. Aber unser Fleisch rühmt sich gerne mit Erfolgsgeschichten unserer Gebete, was jedoch Selbstgerechtigkeit ist.

Ich möchte dich daran erinnern, dass ich hier speziell über Fürbitte für andere spreche, nicht darüber, Gott darum zu bitten, dein Problem zu lösen. Ich werde dir im nächsten Kapitel zeigen, wie unser persönliches Gebetsleben ausschauen sollte.

Der Unterschied zwischen Gebet im Alten und im Neuen Bund

Unter dem Alten Bund beteten Menschen und erwarteten in der Zukunft Gottes Eingreifen als Antwort auf ihre Gebete. Im Neuen Bund schauen wir, wenn wir beten, 2000 Jahre zurück auf das vollbrachte Werk am Kreuz. Durch den Tod und die Auferstehung Jesu sind wir nun in einer anderen Position, von der aus wir beten. Uns wird in Epheser 1 und 2 gesagt, dass wir uns an Himmlischen Orten befinden, hoch über jedes Fürstentum und jede Gewalt, Macht und Herrschaft. Wie ich erzählte, habe ich während meiner Fürbitte für jenes Land auf die Mächte und Gewalten jener Nation herabgeschaut. Betrachte einmal die folgende Schriftstellen in Epheser 1,20-23 und 2,6:

> *Die hat er wirksam werden lassen in dem Christus, als er ihn aus den Toten auferweckte und ihn zu seiner Rechten setzte in den himmlischen Regionen, hoch über jedes Fürstentum und jede Gewalt, Macht und Herrschaft und jeden Namen, der genannt wird, nicht allein in dieser Weltzeit, sondern auch in der zukünftigen; und er hat alles seinen Füßen unterworfen und ihn als Haupt über alles der Gemeinde gegeben, die sein Leib ist, die Fülle dessen, der alles in allen erfüllt.*

> *... und hat uns mitauferweckt und mitversetzt in die himmlischen Regionen in Christus. Bedenke stets, das ist die Position, von der aus wir beten!*

Kapitel 11

Unser persönliches Gebetsleben

Wenn wir unser Bibelstudium mit der Apostelgeschichte beginnen, werden wir grundsätzlich keine Gebete für unsere persönlichen Anliegen finden. Du wirst keine Gebete für materielle Versorgung im Neuen Testament nach dem Tod und der Auferstehung Jesu finden. Woher haben wir bloß die Idee und den Brauch, dass wir Gott ständig darum bitten, für uns zu sorgen? Solch eine Gewohnheit gab es in der frühen Kirche nicht, auch finden wir nichts dergleichen in den apostolischen Briefen. Es schien in den Köpfen und Herzen der Apostel völlig klar zu sein, dass der von Christus am Kreuz bezahlte Preis vollkommen und ausreichend ist.

Stattdessen finden wir Aussagen wie: „Unser Gott füllt all unseren Mangel aus", „Gott macht uns überfließend reich, damit wir zu jeder Zeit großzügig sein können", „Gott lässt uns allezeit triumphieren", „Wir sind mehr als Überwinder durch Christus Jesus", „Wir sind gesegnet mit jeder geistlichen Segnung", und viele dergleichen. Das war ganz klar der Ton der Schreiber des Neuen Testamentes, fest davon überzeugt, dass wir durch Christus bereits haben, was wir brauchen.

Neutestamentliche Gebete

Die Gebete, die wir im Neuen Testament finden, sind vollkommen anders, wie ich euch bereits im vorherigen Kapitel zeigte. Paulus hat das Volk Gottes mehrmals um Fürbitte für ihn gebeten. Bei all meinen Recherchen in der Schrift kann ich jedoch keine Erwähnung darüber finden, dass er sie um Geld bittet, damit er seinen Dienst vollbringen kann. Und doch ist das eine gängige Praxis in heutigen Gemeinden überall auf der Welt. Ständig bitten die Leiter die Gemeinde um Geld, damit sie die Berufung Gottes in ihrem Leben erfüllen können.

Wo sind die einfachen Männer und Frauen des Glaubens wie z.B. Georg Müller, der Waisenhäuser und Schulen baute und Tausende von Kindern durch einfachen Glauben versorgte. Seit ich ein Kind war, hat mich sein Leben fasziniert. Was ich besonders an diesem Mann geliebt habe, war das Motiv, aus dem heraus er seinen Dienst an Kindern begann. Er war so aufgebracht über den Unglauben im Leben der Gotteskinder, dass er ihnen durch sein Leben beweisen wollte, dass er durch Glauben allein die Ressourcen des Himmels zur Verfügung hätte. Er hat niemals um Geld oder Hilfe gebeten und doch Tausende Kinder in Häusern untergebracht, ernährt und ausgebildet. Was viele nicht wissen, ist, dass er nicht nur diese Waisenhäuser gebaut, sondern auch unzählige Missionare weltweit finanziell unterstützt hat. Die Gebete, die Paulus von den Christen erbat, bezogen sich alle auf die Ausbreitung des Evangeliums und die Erfüllung seiner Berufung.

Schwierige Schriftstellen

Wenn ich meine Überzeugung darüber weitergebe, dass wir Gott nicht um die Versorgung unserer persönlichen Bedürfnisse zu bitten brauchen, sondern sie einfach im Glauben annehmen können, dann ringen die Menschen gewöhnlich mit diesem Konzept. Die meisten haben Jahre damit verbracht, Gott um ein neues Auto, ein Haus, Urlaub usw. zu bitten. Wenn ich dann mit ihnen rede und sie bitte, mir biblische Belege für ihre Überzeugungen zu geben, dann zitieren sie irgendwelche Verse, die ihnen gerade einfallen und die mit meinem Glauben, dass wir nicht um Dinge bitten, sondern sie einfach im Glauben annehmen sollen, nicht übereinstimmen. Ich werde mir Zeit nehmen, diese zu beantworten, damit du die Begrenzungen abwerfen und ein Leben ohne Einschränkungen führen kannst. Den ersten Vers, den sie zitieren, finden wir in Philipper 4,6-7:

> *Sorgt euch um nichts; sondern in allem lasst durch Gebet und Flehen mit Danksagung eure Anliegen vor Gott kundwerden. Und der Friede Gottes, der allen Verstand übersteigt, wird eure Herzen und eure Gedanken bewahren in Christus Jesus!*

Es ist mir absolut kar, dass die Betonung in diesem Vers in seinem Zusammenhang nicht darauf liegt, Gott darum zu bitten, unsere Probleme zu lösen und sich um unsere Bedürfnisse zu kümmern. Die Lektion, die uns hier gelehrt wird, ist, sich nicht um die Umstände um uns herum zu kümmern, sondern sie durch einfaches Gebet und im Glauben Gott hinzugeben. Ich habe diesen Vers ausführlich studiert und darüber oft gepredigt. Tatsächlich erinnere ich mich gut an die Nacht, als Gott mir zeigte, wie wichtig es ist, diesen Vers gehorsam zu leben. Seitdem übe ich mich gewissenhaft darin, dies zu tun. Viele Menschen überall auf der Welt sind durch das Hören und Tun dieser Botschaft verändert worden.

Das erste, das uns befohlen wird (und in der Originalgrammatik wird es als ein Befehl, dem es zu gehorchen gilt, geschrieben), ist, uns um nichts zu sorgen. Das bedeutet, dass wir eine Entscheidung treffen müssen, uns nicht um unser Leben zu sorgen, sondern alles in Gottes Hände zu übergeben. Lass mich dir eine ehrliche Frage stellen. Werden deine Gebete von Sorgen über deine Umstände angetrieben oder aus Glauben?

Die zweite Sache betrifft die Art, wie wir unsere Anliegen vor Gott bringen. Uns werden drei Wege beschrieben, die eigentlich nur einer sind, und zwar: Gebet, Flehen und Danksagung. Für jeden dieser Begriffe wird ein anderes Wort verwendet. Eines bedeutet, sich selbst vor Gott zu stellen; das zweite bedeutet, zu beten oder eine Bitte vorzubringen; das dritte bedeutet Dank zu sagen. Damit du verstehst, werde ich das in einfache Sprache verpacken. Egal welche Situation sich dir zeigt, du entscheidest dich zuerst, Gottes Wort zu vertrauen und weigerst dich, furchtsam zu sein. Zweitens, du stellst dich vor ihn und bringst ihm dein Anliegen vor. Dann dankst du ihm und überlässt ihm die Angelegenheit. Wenn du danach fortfährst, Ihn ständig darum zu bitten, deine Probleme zu lösen, dann ist das nichts anderes als der Beweis, dass du nicht glaubst, dass er dich bereits gehört hat.

Vor Jahren waren meine Familie und ich zu einem Campingausflug an einem Fluss in den USA eingeladen. Eine befreundete Frau mietete ein Boot, auf dem wir unsere Jugend eine Woche lang ausführen konnten. Wir waren eine Gruppe von etwa 30 Leuten. Mein Freund gab mir den einzigen Schlüssel zum Boot und sagte: „Reinhard, du bist diese Woche für das Boot verantwortlich!" Es war ein winziger Schlüssel, der an einem Schlüsselring hing. Eines Tages bat mich ein junger Mann, mit ihm Wasserskilaufen zu gehen. Ich bat ihn, in meine Kabine zu gehen, um den Schlüssel zu holen und mir zu bringen, während ich das Boot losband und fertigmachte. Von meiner Kabine zum Boot musste er etwa 200 m über eine Grasfläche laufen. Als er am Boot ankam, hatte er den Schlüsselring, aber keinen Schlüssel daran. Irgendwie hatte sich unterwegs der Schlüsselring geöffnet und der Schlüssel war runtergefallen. Er geriet in Panik, da er ja wusste, dass dies der einzige Schlüssel war und die Bootsvermietung war etwa zwei Stunden Fahrtzeit entfernt. Wir mussten das Boot am nächsten Tag zurückgeben und ohne den Schlüssel konnten wir es nicht einmal aus dem Wasser holen.

In seiner Panik rief er alle seine Freunde zusammen, um ihm beim Suchen des Schlüssels zu helfen. Wie konnte man solch einen kleinen Schlüssel in einer 200 m langen Wiese finden, wenn man keine Ahnung hat, wo er runtergefallen sein könnte. Während alle fiebrig suchten, weigerte ich mich, daran teilzunehmen. Ich blieb, wo ich war, stellte mich vor Gott und im Gebet brachte ich ihm mein Anliegen. Ich sagte: „Vater, ich brauche diesen Schlüssel. Mir ist egal, ob wir ihn finden, du einen neuen erschaffst oder ein Engel ihn mir bringt. Meine Bitte ist einfach um einen neuen Schlüssel." Ich begann, ihm für den Schlüssel zu danken. Während alle weiterhin panisch suchten, blieb ich ruhig.

Nach etwa 30 Sekunden versuchten die Sorgen wieder, in Gedanken und Herz einzudringen. Ich verstand jedoch, dass es Unglaube gewesen wäre, jetzt wiederum Gott um den Schlüssel zu bitten. Stattdessen fuhr ich fort, Gott dafür zu danken, dass er mein Gebet gehört hatte und den Schlüssel wiederbrachte. Ich blieb fest in dieser Haltung. Wann immer die Versuchung zurückkam, mich zu sorgen oder wiederum zu beten, blieb ich standhaft und dankte Gott einfach. Nach kurzer Zeit rief ein älterer Mann am Campingplatz: „He, ich hab einen Schlüssel im Gras gefunden. Hat jemand einen Schlüssel verloren?" Ich bedankte mich und wir verbrachten einen großartigen Nachmittag.

Dieser Vers endet mit einer gewaltigen Aussage: „Und der Friede Gottes wird eure Herzen und eure Gedanken bewahren." Es ist meine tiefe Überzeugung, dass vielen Christen der Friede fehlt, weil sie Gott um Dinge bitten, anstatt alles seinen Händen zu überlassen und das in Anspruch zu nehmen, was ihnen bereits gehört. Ich finde keinen Hinweis in der Bibel dafür, Gott ständig um Dinge zu bitten.

Eines Tages war Georg Müller auf seinen Knien betreffend einer dringenden Not in seinen Waisenhäusern. Nachdem er alles in einem einfachen Gebet vor Gott gebracht hatte, wollte er weiter dafür beten. Gott sagte zu ihm: „Warum bittest du mich noch immer? Glaubst du, dass ich dich nicht gehört habe?" Da stand er auf und glaubte einfach.

Der nächste Vers, über den ich reden möchte, ist Jakobus 1,5:

> *Wenn es aber jemand unter euch an Weisheit mangelt, so erbitte er sie von Gott, der allen gern und ohne Vorwurf gibt, so wird sie ihm gegeben werden.*

Ich wurde gefragt: „Wie kannst du sagen, dass wir bereits alles wissen und Gott nicht mehr um Weisheit bitten müssen, sondern sie einfach im Glauben annehmen sollen? Warum sagt uns Jakobus dann, dass wir um Weisheit bitten sollen?" 1. Korinther 1,30 besagt: „Durch ihn aber seid ihr in Christus Jesus, der uns von Gott gemacht worden ist zur Weisheit, zur Gerechtigkeit, zur Heiligung und zur Erlösung..." Wenn Christus meine Weisheit ist, brauche ich nicht mehr um Weisheit zu bitten, sondern ich erkläre und glaube das, was ich bereits empfangen habe. Der Zusammenhang in Jakobus ist eindeutig. Zuerst einmal wird hier nicht jeder aufgefordert, um Weisheit zu bitten, sondern nur jene, denen es daran mangelt. Es heißt da nicht, wann immer es dir an Weisheit mangelt, sondern wenn. Das zweite, was wir hier sehen, ist, dass es nicht um allgemeine Weisheit geht, sondern um eine besondere.

Schau dir die Verse 2-4 an:

> *Meine Brüder, achtet es für lauter Freude, wenn ihr in mancherlei Anfechtungen geratet, da ihr ja wisst, dass die Bewährung eures Glaubens standhaftes Ausharren bewirkt. Das standhafte Ausharren aber soll ein vollkommenes Werk haben, damit ihr vollkommen und vollständig seid und es euch an nichts mangelt.*

Jakobus trägt uns hier auf, uns über schwierige Zeiten und die Bewährung unseres Glaubens zu freuen im Glauben an ein großartiges Ergebnis. Wenige Christen habe die Weisheit, in schwierigen Umständen so zu agieren. Sie jammern, beschweren sich und schreien zu Gott um die Lösung ihres Problems. Wenn das auch deine Reaktion ist, dann solltest du offensichtlich Gott um besondere Weisheit bitten, damit du in der Versuchung jubeln kannst. Aber vergiss nicht, Jakobus fährt fort zu sagen, dass wir im Glauben ohne Zweifel bitten müssen. Ich werde im folgenden Kapitel weitere schwierige Abschnitte anschauen.

Kapitel 12

Eine Erklärung von Matthäus 7

Bevor ich dir erkläre, warum ich nicht glaube, dass das Gleichnis über Bitten, Suchen und Anklopfen nicht das bedeutet, was die meisten Christen glauben, möchte ich noch einen anderen Vers betrachten. Als der Apostel Paulus Gott darum bat, sein Problem zu lösen, nämlich seinen Pfahl im Fleisch, hat Gott dieses Gebet nicht beantwortet und den Pfahl entfernt. Viele Menschen diskutieren darüber, was dieser Pfahl gewesen sein könnte - manche sagen, eine Krankheit oder ein Leiden. Meinem Verständnis nach ist der Kontext ganz klar. Es war ein Dämon, der überall Verfolgung gegen ihn anstachelte und ihm großes physisches Leid zufügte. Also, ich denke nicht, dass du dich um einen Dorn im Fleisch sorgen musst, außer du glaubst, dass du mit dem Apostel Paulus auf einer Stufe stehst.

Lass uns 2. Korinther 12,8-9 anschauen:

> *Seinetwegen habe ich dreimal den Herrn gebeten, dass er von mir ablassen soll. Und er hat zu mir gesagt: Lass dir an meiner Gnade genügen, denn meine Kraft wird in der Schwachheit vollkommen.*

Gott hat Paulus also sinngemäß mitgeteilt: „Es ist nicht nötig, dass ich dein Problem beseitige; du hast Meine Stärke, die dich in jeder deiner Situationen stark macht." Und wieder: Ich glaube, dass unser ständiges Betteln vor Gott, Er möge Dinge in Ordnung bringen, unserem Leben Begrenzungen auferlegt. Erinnere dich, Gott sagte mir in jener bestimmten Nacht, dass

ER dem Leben seiner Kinder keine Beschränkungen auferlegt, aber sie tun es selbst durch den Unglauben in ihrem Herzen. Nachdem Gott dem Paulus mitgeteilt hatte, dass das Problem nicht beseitigt werden würde, hat Paulus es verstanden und im Glauben die Kraft des Herrn in seinem Leben umgesetzt. Ich bin froh, dass der Herr ihm so klar antwortete, denn sonst hätte er vielleicht für den Rest seines Lebens gebetet und wäre nicht in der Kraft gewandelt, die ihm zur Verfügung stand.

Bitte, suche und klopfe?

Damit wir besser verstehen, was Jesus wirklich mit diesem Gleichnis ausdrücken wollte, müssen wir es sorgfältig und langsam in beiden Evangelien, in denen es erwähnt wird, lesen:

> *Matthäus 7,7-12*
> *Bittet, so wird euch gegeben; sucht, so werdet ihr finden; klopft an, so wird euch aufgetan! Denn jeder, der bittet, empfängt; und wer sucht, der findet; und wer anklopft, dem wird aufgetan. Oder ist unter euch ein Mensch, der, wenn sein Sohn ihn um Brot bittet, ihm einen Stein gibt, und wenn er um einen Fisch bittet, ihm eine Schlange gibt? Wenn nun ihr, die ihr böse seid, euren Kindern gute Gaben zu geben versteht, wieviel mehr wird euer Vater im Himmel denen gutes geben, die ihn bitten! Alles nun, was ihr wollt, dass die Leute euch tun sollen, das tut auch ihr ihnen ebenso; denn dies ist das Gesetz und die Propheten.*

> *Lukas 11,5-13*
> *Und er sprach zu ihnen: wenn einer von euch einen Freund hätte und ginge zu ihm um Mitternacht und spräche zu ihm: Freund, leihe mir drei Brote, denn*

mein Freund ist von der Reise zu mir gekommen, und ich habe nichts, was ich ihm vorsetzen kann! und jener würde von innen antworten und sagen: Mache mir keine Mühe! Die Türe ist schon verschlossen, und meine Kinder sind bei mir in der Kammer; ich kann nicht aufstehen und dir etwas geben! - ich sage euch: Wenn er auch nicht deswegen aufstehen und ihm etwas geben wird, weil er sein Freund ist, so wird er doch um seiner Unverschämtheit willen aufstehen und ihm geben, soviel er braucht. Und ich sage euch: Bittet, so wird euch gegeben; sucht, so werdet ihr finden; klopft an, so wird euch aufgetan! Denn jeder, der bittet, empfängt; und wer sucht, der findet; und wer anklopft, dem wird aufgetan. Welcher Vater unter euch wird seinem Sohn einen Stein geben, wenn er ihn um Brot bittet? Oder wenn er ihn um einen Fisch bittet, gibt er ihm statt des Fisches eine Schlange? Oder auch wenn er um ein Ei bittet, wird er ihm einen Skorpion geben? Wenn nun ihr, die ihr böse seid, euren Kindern gute Gaben zu geben versteht, wieviel mehr wird der Vater im Himmel den Heiligen Geist denen geben, die ihn bitten!

Wenn wir uns dieses Gleichnis in beiden Evangelien zusammen anschauen, dann tritt einiges klar hervor. In Matthäus sagt Jesus im Vers 11, dass Gott denen gute Gaben gibt, die bitten. Doch Lukas sagt uns in Vers 13 derselben Geschichte, dass der Vater den Heiligen Geist geben wird. Wenn du in der Originalsprache Matthäus liest, ist das Wort „Gaben“ nicht zu finden. Es sagt einfach, dass der Vater Gutes denen gibt, die ihn bitten. Ich glaube, dass Lukas ganz klar erklärt, dass das Gute der Heilige Geist ist. In dieser Bibelpassage finden wir überhaupt keinen Hinweis darauf, dass wir Gott davon überzeugen sollten, uns all die guten und materiellen Gaben zu geben, die wir nötig haben. Ich habe dir bereits früher in diesem Buch gezeigt, dass wir mit allen materiellen Segnungen gesegnet sind und uns bereits alles gegeben worden ist.

Das nächste, das auffällt und das Lukas deutlich beschreibt, ist, dass Jesus über Fürbitte spricht. Lass uns nochmals die Verse 5-6 betrachten:

> *Und er sprach zu ihnen: Wenn einer von euch einen Freund hätte und ginge zu ihm um Mitternacht und spräche zu ihm: Freund, leihe mir drei Brote, denn mein Freund ist von der Reise zu mir gekommen, und ich habe nichts, was ich ihm vorsetzen kann!*

Der Zusammenhang des Gleichnisses über Bitten, Suchen und Anklopfen ist ziemlich deutlich. Es geht um Fürbitte. Ich glaube, dass ich die Macht und Wichtigkeit von Fürbitte in diesem Buch bereits ausführlich erklärt habe. In der Fürbitte bitten wir, wir suchen und wir klopfen an, nicht weil es um uns geht, sondern für jene, für die wir im Riss stehen. Etwas, das wir verstehen sollten, wenn es um Fürbitte geht, ist, dass der Grund zur Beständigkeit im Gebet nicht jener ist, Gott zu einem Handeln zu bewegen, sondern darum, den Einfluss Gottes auf die Menschen, für die wir beten, aufrechtzuerhalten, bis sie sich entscheiden zu handeln. Wir müssen alles, auch die Evangelien, im Licht des vollendeten Werkes am Kreuz lesen.

Jesus teilt uns deutlich mit, dass wir unseren Blick auf die Güte des Vaters gerichtet halten müssen und nicht auf unsere Bedürfnisse. Beide Schreiber, Matthäus und Lukas, machen eine interessante Feststellung, wenn sie die Phrase „Wieviel mehr" benutzen. Dies drückt die Großzügigkeit, Güte und Freundlichkeit unseres Vaters im Himmel aus. Schau dir noch einmal diese zwei Verse an, wo Jesus uns sagt, dass unser Vater im Himmel viel williger ist, zu geben, als irgendein Vater auf der Erde es jemals wäre:

> *11 Wenn nun ihr, die ihr böse seid, euren Kindern gute Gaben zu geben verseht, wieviel mehr wird euer Vater im Himmel denen Gutes geben, die ihn bitten! 13 Wenn nun ihr, die ihr böse seid, euren Kindern gute Gaben zu geben versteht, wieviel mehr wird der Vater im Himmel den Heiligen Geist denen geben, die ihn bitten!*

Von Jesus lernen

Ich finde es sehr interessant, dass Jesus uns gesagt hat, wir sollten nicht viele Worte im Gebet gebrauchen, und doch tun die meisten Christen das:

> *Matthäus 6,7*
> *Und wenn ihr betet, sollt ihr nicht plappern wie die Heiden; denn sie meinen, sie werden erhört um ihrer vielen Worte willen.*

Jesus hat uns eindringlich vor unnützen Wiederholungen gewarnt, was soviel bedeutet, wie dasselbe immer wieder zu sagen. Als ich ein junger Christ war, habe ich genauso gebetet, wie Jesus gesagt hat, es nicht zu tun - wieder und immer wieder bat ich um dieselbe Sache. Wenn dann manchmal die Dinge geschehen, um die wir gebetet haben, glauben wir, dass es eine Gebetserhörung war, aber ich stimme dem nicht zu. Ich fühle mich gedrängt dazu, dich zu erinnern, dass wir hier nicht über Fürbitte, sondern unser eigenes, persönliches Gebetsleben sprechen.

Als die Jünger Jesus baten, sie beten zu lehren, gab er ihnen ein sehr kurzes Gebet in dem Vaterunser, und doch verbrachte er selbst ganze Nächte im Gebet.

Markus 1,35
Und am Morgen, als es noch sehr dunkel war, stand er auf, ging hinaus an einen einsamen Ort und betete dort.

Markus 6,46
Und nachdem er sie verabschiedet hatte, ging er auf einen Berg, um zu beten.

Dies scheint ein Widerspruch zu sein. Er sagt seinen Jüngern, nicht viele Worte oder unnötige Wiederholungen im Gebet zu gebrauchen und gibt ihnen ein Beispiel-Gebet, das sehr kurz ist. Dann geht ER und verbringt ganze Nächte im Gebet. Für mich stellt das jedoch keinerlei Widerspruch dar.

Viele Jahre schon genieße ich diese Art von Gebetsleben und werde das niemals aufgeben. Der Schlüssel in beiden Versen ist das Wort „weggehen“, was bedeutet, dass er sich von Menschen und Ablenkungen entfernte. Ich werde dich auf den folgenden Seiten lehren, wie ich auf neutestamentliche Weise zu beten lernte und die wunderbarsten Ergebnisse genießen durfte.

Bevor ich jedoch darüber ins Detail gehe, möchte ich, dass du ein paar wichtige Dinge verstehst. Komm nicht zu Gott mit einer ganzen Einkaufsliste an Bedürfnissen. Gott sehnt sich nach Intimität. Wenn ich mit meiner Ehefrau so umgehen würde, wie Christen sich oft zu Gott im Gebet verhalten, kann ich dir versichern, dass ich keine großartige Ehe hätte. Wenn ich nur mit einer Liste von Dingen zu ihr käme, die sie für mich zu tun hat, hätte ihr Herz keinen Gefallen an mir. Die Ehe ist ein Bild von Christus und der Gemeinde. Genauso wie Paare zusammen sein sollen, sich aneinander freuend, so sollen wir im Gebet mit dem Herrn sein, dem Liebhaber unserer Seele, und lernen, ihn einfach zu genießen. Der Prophet Jesaja lässt uns eine wundervolle Ermutigung in Jesaja 30,15 zukommen, wenn er sagt:

Denn so spricht der Herr, der Heilige Israels: Durch Umkehr und Ruhe könntet ihr gerettet werden, im Stillesein und im Vertrauen läge eure Stärke. Aber ihr habt nicht gewollt ...“

Unser Leben wird nicht fruchtbar, wenn wir uns Gott mit einer Liste von Dingen, die es zu richten gilt, nähern, und diese angstvoll vor ihm ausbreiten. Er ist alles, was wir brauchen, und in absolutem Vertrauen darauf und stiller Hingabe unseres Lebens an ihn werden wir Gelingen haben. Wenn wir beten lernen, sollten wir verstehen, dass wir uns ihm mit einfachem, kindlichem Glauben an seine Güte, die uns im Neuen Bund gezeigt wird, nähern müssen.

Religiöses Denken

Eine der größten Hürden, die wir überwinden müssen, wenn wir lernen, dem Neuen Bund gemäß zu beten, ist die religiöse Gesinnung. Ich glaube, das wird alle Begrenzungen von unserem Leben entfernen. Wir müssen in SEINER Güte ruhen und verstehen, dass alles, was wir brauchen, in uns ist und wir eine Herzensbeziehung mit IHM leben können. In meinem frühen Christenleben habe ich gelernt, dass ich mit diesem problemfokussierten Einkaufslisten-Gebet wenig Glauben in meinem Herzen hatte. Bevor wir ausatmen können, müssen wir einatmen. Bevor wir lieben können, müssen wir Liebe empfangen. Wir sollten beim Herrn in unserer Gebetszeit wie aus einem Brunnen trinken.

Kürzlich fragte mich ein Freund: „Was ist mit Römer 8,32, wo uns gesagt wird, dass Gott uns alle Dinge großzügig gibt?“ Er sagte mir, dass dies eindeutig in Zukunftsform geschrieben steht (in Englischen Bibeltexten, Anm.d.Übersetzers), was bedeute, dass wir noch immer um Dinge bitten müssten, als seien sie uns noch nicht gegeben worden. Lasst uns diesen Vers doch anschauen: Er, der sogar seinen eigenen Sohn nicht verschont hat, sondern ihn für uns alle dahingegeben hat, wie sollte er uns mit ihm nicht auch alles schenken?

In der Originalsprache Griechisch hat, wie in vielen Sprachen, ein Wort je nach Zusammenhang verschiedene Bedeutungen. Ich glaube nicht, dass Gott uns hier mitteilt, dass er uns alles geben wird, wenn wir einfach nur beten und glauben. Eine der Bedeutungen dieses Wortes ist „zu vergeben", und ich glaube, das sagt Gott hier. Wenn du dir den Zusammenhang des Verses anschaust, macht es auch Sinn. Lass uns die Verse 31-34 lesen, und wenn wir zum Wort „geben" kommen, lass es uns mit „vergeben" ersetzen:

> *Was wollen wir nun hierzu sagen? Ist Gott für uns, wer kann gegen uns sein? Er, der sogar seinen eigenen Sohn nicht verschont hat, sondern ihn für uns alle dahingegeben hat, wie sollte er uns mit ihm nicht auch alles (ver)geben? Wer will gegen die Auserwählten Gottes Anklage erheben? Gott ist es doch, der rechtfertigt. Wer will verurteilen? Christus ist es doch, der gestorben ist, ja mehr noch, der auch auferweckt ist, der auch zur Rechten Gottes ist, der auch für uns eintritt!*

Im Zusammenhang geht es um Verurteilung und Anschuldigung gegen uns. Paulus sagt uns, dass niemand eine Anklage gegen uns erheben kann, weil Gott uns rechtfertigt. Niemand kann uns verurteilen, weil Christus unser Fürsprecher ist. Er sagt uns, dass, wenn Gott schon seinen einzigen Sohn gegeben hat, wird er uns dann nicht gerne alles vergeben? Das ist die Zuversicht und Zusicherung unserer ewigen Errettung. Vergangene Sünden sind vergeben, ebenso die gegenwärtigen und auch die zukünftigen Sünden werden großzügig vergeben werden.

Sogar wenn du eine Million Mal sündigst, würde er dir immer großzügig vergeben aufgrund des perfekten Opfers Christi.

Kapitel 13

Das Vaterunser

In diesem Abschnitt werde ich dir berichten, wie das Beten des Vaterunsers mein Leben verändert hat. Das ist kein Gebet, das wir einfach so herunterrasseln sollten. Ich glaube, es ist nicht einfach ein Gebet, das es zu wiederholen gilt, sondern ein Modell, das Jesus uns gab, um uns eine tiefere Lektion zu lehren. Erinnere dich stets daran, dass Gebet niemals zu einer religiösen Aktivität werden sollte, weil uns das Begrenzungen auferlegt, die Jesus nie für uns vorsah. Dieses Gebet verbindet uns mit den Ressourcen Gottes, die uns bereits in Christus gegeben wurden. Lasst uns Matthäus 6,9-13 lesen:

> *Deshalb sollt ihr auf diese Weise beten: Unser Vater, der du bist im Himmel! Geheiligt werde dein Name. Dein Reich komme. Dein Wille geschehe, wie im Himmel, so auch auf Erden. Gib uns heute unser tägliches Brot. Und vergib uns unsere Schulden, wie auch wir vergeben unseren Schuldnern. Und führe uns nicht in Versuchung, sondern errette uns von dem Bösen. Denn dein ist das Reich und die Kraft und die Herrlichkeit in Ewigkeit! Amen.*

Gebet in seiner ursprünglichen Bedeutung

Dieses Gebet ist eigentlich nichts, was Jesus angeregt hat, sondern die Jünger taten das, indem sie ihn darum baten, sie beten zu lehren. Als Antwort auf ihre Bitte lehrte Jesus sie dieses Gebet. Die Frage war also nie, ob Christen beten sollten oder nicht, sondern wie sie beten sollten und was Gebet wirklich bedeutet. Eines der wichtigen hebräischen Worte für Gebet ist das Wort *tefilah*. Dieses Wort leitet sich aus zwei Wurzeln ab. Die erste ist ein Zeitwort namens *pallel*, was bedeutet, sich selbst zu beurteilen. Die andere ist ebenfalls ein Zeitwort, und zwar *tofel*, was bedeutet, etwas zusammenzubinden oder zusammenzuführen.

Wenn du heute einen jüdischen Rabbi, der bezüglich des Gebetes unter dem Gesetz lebt, fragen würdest, würde er dir sagen, dass wir im Sinne des Wortes tofel uns selbst beurteilen müssen, wenn wir vor Gott ins Gebet kommen. Das stimmt, das ist die eigentliche Bedeutung, aber mit der Mentalität des Alten Bundes angewandt. Wenn sie sagen, dass wir uns beurteilen müssen, bevor wir zu Gott im Gebet kommen, dann meinen sie, dass wir auf die Sünde in unserem Leben schauen und Schuld und Verdammnis fühlen müssen, die wir dann Gott bekennen. Im Neuen Bund jedoch sind unsere Sünden vergeben und Gott gedenkt ihrer nicht mehr. Daher muss es eine andere Anwendung geben.

Nachdem die Bedeutung des Wortes ja dieselbe ist, wie können wir es im Neuen Bund anwenden? Wenn ich zu Gott im Gebet komme, dann beurteile ich zwar mein Leben, aber auf eine andere Weise. Ich habe Christen sagen hören, dass Jesus uns auftrug, nicht zu verurteilen, und da wir unter Gnade und nicht unter dem Gesetz sind, dürfen wir nicht urteilen. Wenn du ein Auto fährst und vor dir hält ein Auto an, musst du eine Einschätzung darüber treffen, wann du auf die Bremse trittst. Wenn du die falsche oder keine Einschätzung vornimmst, wirst du einen Unfall bauen.

Im Gebet schaue ich mir mein Leben an und beurteile, ob es mit dem Modellgebet, das Jesus uns gab, in Übereinstimmung ist. Wenn dem so ist, wie es für ein normales Christenleben üblich sein sollte, dann freue ich mich über die Gnade und Güte des Herrn und genieße seine wunderbare Gegenwart in meiner Gebetszeit. Wenn aber nicht, dann muss ich die Worte Jesu in mein Herz und Leben wieder einbinden. Immer wieder zu beten bedeutet, dich selbst zu beurteilen und wieder zu verbinden. Ich werde das klarer und praktischer etwas später in diesem Kapitel ausführen.

Lass uns das Vaterunser nun mit diesem Verständnis über Gebet anschauen. Das erste, was Jesus uns aufträgt zu beten, ist: „Unser Vater, der du bist im Himmel!" Bevor ich dir zeige, wie du das beurteilen und verbinden kannst, möchte ich dir einen wichtigen persönlichen Rat erteilen.

Wenn du diese Art von Gebet praktizierst, finde einen ruhigen und ungestörten Ort. Geh sicher, dass du keinerlei Ablenkung ausgesetzt bist. Nimm dein Handy nicht mit und beginne einfach mit einer Zeit der Anbetung und Danksagung. Jesus selbst hat uns in Matthäus 6,6 gesagt, dass wir zwei Dinge tun sollten, wenn wir beten, die ich als unverzichtbaren Bestandteil in meinem Leben erkannt habe. Erstens trug er uns auf, in unsere Kammer zu gehen, was soviel bedeutet wie, sich von allem und jedem zu entfernen. Ich bin auf meinen Reisen um die Welt ständig in Treffen, wo Menschen miteinander beten - und immer wieder schockiert. Da gibt es vibrierende Handys in Hosentaschen, während sie beten. Jedesmal, wenn es vibriert, nehmen sie es raus, um die Nachrichten zu lesen. Mein Freund, ich glaube, dass Jesus heute sagen würde, geh in deine Kammer, schalte dein Handy aus und schließe die Tür. Wir müssen entscheiden, ob es wichtiger ist, sich mit Menschen oder mit Gott zu verbinden. Denke daran, dass dein tägliches Leben dein Gebetsleben widerspiegelt. Du wählst!

Als zweites trug Jesus uns auf, die Tür zu schließen. Unglücklicherweise scheint das für Menschen heute unmöglich zu sein. Jahrzehntelang habe ich gefunden, dass die ersten Momente des

Morgens, noch bevor ich mit irgendjemand oder irgendetwas Verbindung aufnehme, sowie die letzten Momente der Nacht, bevor ich einschlafe, besonders wertvoll sind. Es ist eine gute Angewohnheit, sein Telefon abends auszuschalten und nicht wieder einzuschalten, bevor du mit dem Herrn Zeit im Gebet verbracht hast. Wenn unser Herz und Hirn erst einmal durch die auf uns wartenden Nachrichten abgelenkt ist, wird es schwierig, sich auf den Herrn zu konzentrieren.

Wende dich nicht an Gott als sei er irgendwo weit weg im Himmel. Er ist in dir und liebt und genießt die Zeit eures Gespräches. Wenn du die Worte „Unser Vater" aussprichst, beurteile dein Leben. Glaubt dein Herz wirklich, dass er dein liebender, zärtlicher und fürsorglicher Vater ist? Ist dein Leben eine Spiegelung dieses guten Vaters, der sich um dich kümmert? Wenn ja, dann verbringe deine Zeit im Gebet damit, über die Güte deines liebenden Vaters nachzudenken. Eile nicht aus seiner Gegenwart weg. Bleib in der Stille und genieße die Gemeinschaft mit deinem lieben Vater im Himmel. Sag ihm von Zeit zu Zeit, wie dankbar du für solch einen wunderbaren Vater bist. Mach dir keine Sorgen, wenn deine Gedanken abschweifen, sondern drücke durch einfachen Glauben deine Wertschätzung für seine tiefe Liebe zu dir aus. Bald wirst du seine liebenden Arme um dich herum fühlen können und wirst in eine Einheit mit ihm und seiner vollkommenen Liebe zu dir verschmelzen. Fahre fort, deinen Dank dafür auszudrücken, welch guter Vater Er ist, und trink seine Liebe.

Wenn aber dein Leben diese Wahrheit nicht widerspiegelt, ist es Zeit zur Versöhnung. Es soll so sein, weil es biblische Wahrheit ist. Du verbindest die Wahrheit des Wortes Gottes im Vaterunser auf ganz einfache Weise mit deinem Leben. Versöhnen heißt, etwas zusammenzuführen. Nachdem die Erfahrung in deinem Leben nicht mit der Wahrheit dessen, dass Gott dein Vater ist, übereinstimmt, musst du diese zwei Wahrheiten zusammenführen. Du tust dies, indem du einen Glaubensschritt machst. Wann immer wir im Gebet zu Gott kommen, müssen wir das in kindlichem Glauben tun. Du beginnst zu bekennen: „Danke Gott, dass du mein liebender Vater bist.“ Dann denkst du solange über diese Wahrheit nach, bis dein Herz erfüllt davon ist. Sprich es immer wieder aus, denke darüber nach und danke dafür. Biblische Meditation hat nichts mit der Meditation östlicher Religionen gemein, denen gesagt wird, sie müssten sich ihrer Gedanken entledigen. Es ist genau das Gegenteil. Wir füllen unsere Gedanken mit der Wahrheit des Wortes Gottes.

Mein Gebetsleben ist seit mehr als zwei Jahrzehnten so. Wenn ich nicht in Fürbitte bin, verbringe ich die meiste Zeit persönlichen Gebetes damit, Gott zu danken, über die Wahrheit seines Wortes nachzudenken und diese Wahrheit über meinem Leben auszusprechen, zu lösen und zu binden. Danken und meditieren ist einfach, aber wie wir bekennen, ist wichtig. Aufgrund des vollendeten Werkes am Kreuz muss unser Bekenntnis immer P,P,P,B sein. Diese Buchstaben stehen für: persönlich, Präsens (Gegenwart), positiv und biblisch. Lasst uns so die Wahrheit, dass Gott unser Vater ist, betrachten. Ich bekenne es persönlich (mein Vater), in der Gegenwart (Du bist), positiv (ein guter Vater - nicht: „Danke, dass du kein schlechter Vater bist"). Es ist bereits biblisch. Hier haben wir also die P,P,P,B-Formel, die ich in meinem Leben anwende.

Es gibt auch Zeiten, in denen ich binde und löse, die ich ebenfalls als wichtigen Teil des Gebetes betrachte. Als Jesus über die Autorität zu binden und zu lösen sprach, meinte er damit nicht, den Teufel zu binden. Matthäus 16,19 besagt:

> *Und ich will dir die Schlüssel des Reiches der Himmel geben; und was du auf Erden binden wirst, das wird im Himmel gebunden sein; und was du auf Erden lösen wirst, das wird im Himmel gelöst sein.*

Jesus sprach hier nicht zu Menschen aus dem westlichen Kulturkreis, sondern zu solchen aus der hebräischen Kultur. Er redete zu Juden. Sie wussten genau, was er da sagte. Wenn jüdische Menschen eine Sache rechtlich geregelt haben wollten, würden sie zum Rabbi gehen und ihm die Angelegenheit vortragen. Der Rabbi würde eine Entscheidung treffen und erklären „Ich binde es“ oder „Ich löse es.“ Das bedeutete, dass er es für legal oder illegal erklärte. Wenn ich zum Beispiel einer Krankheit ins Auge sehen muss, binde ich die Krankheit, indem ich einfach sage: „Ich erkläre dich zu illegal in meinem Leben, weil es im Himmel keine Krankheit gibt.“ Dann löse ich Gesundheit, indem ich erkläre: „Ich löse hiermit rechtlich die Gesundheit Christi in meinem Körper. Ich bin geheilt.“ Du kannst das auf jeden Bereich deines Lebens anwenden, wenn du eine biblische Grundlage dafür hast. Du kannst zerbrochene Beziehungen, Verurteilungen, Armut usw. als illegal in deinem Leben erklären.

Lass uns nun zum zweiten Punkt des Gebetes Jesu gehen, welcher ist: „Geheiligt werde dein Name.“ Geheiligt bedeutet, ausgesondert zu sein oder einen speziellen Platz zu haben. Wiederum ist das Erste, was du tust, zu beurteilen. Sind die Namen Gottes in deinem Leben erkennbar? Namen waren in der hebräischen Kultur sehr wichtig, da sie Charakter, Natur und Lebenszweck vermittelten. Der Name Jehovah heißt, der passende Name für den einen wahren Gott. Es ist wichtig zu verstehen, dass Gottes Name seinen Charakter offenbart, daher kann und wird er nicht seinem eigenen Namen entgegen handeln. Erinnere dich daran, während wir uns einige der Namen Gottes anschauen. Ich ermutige dich, die Namen Gottes zu studieren, da es Dutzende von ihnen gibt. Ich werde hier nur einige wichtige aufzählen.

2. Mose 17,15
Und Mose baute einen Altar und nannte ihn „Der HERR ist mein Kriegsbanner, Jahweh Nissi“

Jetzt ist es Zeit, dich zu beurteilen. Ein Banner ist ein Zeichen von Sieg und Triumph. Gibt es irgendeine Situation in deinem Leben, die nicht den Sieg Gottes widerspiegelt? Dann musst du das mit seinem Namen zusammenbringen, der sein Charakter ist. Beginne ihm dafür zu danken, dass er wahrhaftig dein Sieg ist. Erkläre: „Ich habe den vollkommenen Sieg in diesem Bereich meines Lebens, weil Gott mein Sieg ist!“ Da Gott allmächtig ist, ist sein Sieg unbestreitbar und kann nicht hinterfragt werden. Kannst du sehen, welchen Fehler Christen in ihrem Gebetsleben machen? Sie begegnen einer schwierigen Situation oder einem Kampf in ihrem Leben und schreien verzweifelt zum Herrn, ihnen den Sieg zu geben. Solch ein Leben ist schwierig und stressig und führt gewöhnlich nicht zum Sieg, sondern zu Furcht und schlussendlich zu Versagen. Paulus hat das verstanden, als er inmitten schwieriger Umstände kühn erklärte:

„Gott lässt uns allezeit in Christus triumphieren!“
(2. Korinther 2,14)

Der nächste Name, den wir uns anschauen, steht in Psalm 23,1:

Der HERR ist mein Hirte, mir wird nichts mangeln.

Der Name hier ist Jahwe Roi.

Wieder folgst du dem gelernten Ablauf. Beurteile dein Leben. Gibt es seinem Namen einen besonderen Platz? Ist es geheiligt? Wenn es Mangel gibt, ist es nicht geheiligt und du musst das versöhnen. Wenn nicht, verbringe Zeit damit, seine Gegenwart zu genießen, danke Ihm und lobe Ihn.

So fährst du fort, dies mit den verschiedenen Namen Gottes zu tun, und ich gebe dir hier noch ein paar weitere:

2. Mose 15,26
Ich bin der Herr der dich heilt - Jahwe Rapha

Jeremiah 23,6
In seinen Tagen wird Juda gerettet werden und Israel sicher wohnen; und das ist der Name, den man ihm geben wird: „Der HERR ist unsere Gerechtigkeit - Jahweh Zidkenu.

1. Mose 22,14
Und Abraham nanne den Ort: „Der HERR wird dafür sorgen“ - Jahwe Jireh.

Wir werden unsere Betrachtungen des Vaterunsers im nächsten Kapitel fortsetzen, aber ich ermutige dich, diese Art des Gebetes sorgfältig in deinem Leben umzusetzen.

Kapitel 14

Das Vaterunser – Teil 2

Als nächstes sagte Jesus: *„Dein Reich komme!“*. Du hast nun den Ablauf von beurteilen und verbinden bereits gelernt. Ist Gottes Reich in jedem Bereich deines Lebens sichtbar? In Lukas 17,21 sagt Jesus, dass das Reich Gottes in uns ist. Paulus erklärt im Brief an die Korinther, dass das Reich Gottes nicht nur aus Worten, sondern aus Kraft besteht (s. 1. Korinther 4,20). Ich glaube, wir müssen beurteilen und wiederversöhnen, aber auch in die Fürbitte eintreten und Gott anflehen, Er möge sein Reich in unserer Arbeit, Nation, Familie usw. manifestieren.

Der Herr sagte weiter: *„Dein Wille geschehe, wie im Himmel so auch auf Erden.“* Geh wieder dieselben Schritte durch. Geschieht sein Wille in deinem Leben? Wenn nicht, unterwirf dich vollkommen seinem Willen; erkläre, dass sein vollkommener Wille auch dein Wille sein wird. Erlaube auch dem Heiligen Geist, dich in der Fürbitte dafür zu verwenden, dass sein Wille an jedem Ort erkannt wird, an dem du bist.

„Gib uns unser tägliches Brot“, setzt Jesus dieses Gebet fort. Wie ich dir bereits in diesem Buch gezeigt habe, gibt es kein Gebet für materielle Versorgung in den Briefen des Neuen Testaments. Daher müssen wir auch diese Schriftstelle im Licht des Neuen Bundes betrachten. Wenn wir das Alte Testament studieren, sehen wir, dass Gott großzügige Versorgungfür sein Volk, welches dem Gesetz gehorchte, versprach. Christus gehorchte dem Gesetz und erfüllte es, damit all die Segnungen Abrahams und die, welche Gott seinem Volk versprach, nun uns gehören sollen.

Danke ihm und lobe Ihn dafür, dass Er dein Versorger ist. Danke ihm dafür, dass es niemals an Brot auf deinem Tisch mangelt. Erkläre über deinem Leben, dass es deinem Heim niemals an Gutem fehlen wird. Erinnere dich daran, dass es nicht Gott ist, der uns Begrenzungen auferlegt, sondern unsere ungläubigen Herzen tun das. Wenn du bei diesem Abschnitt des Gebetes angelangt bist, beginne nicht damit, Gott darum zu bitten, täglich Brot auf deinen Tisch zu legen oder dein Geschäft zu segnen oder dir einen besseren Arbeitsplatz zu geben. Danke ihm und erkläre, dass du IN Jesus gesegnet bist. Wir müssen lernen, unseren Blick von den schwierigen und negativen Umständen abzuwenden und auf die Wahrheit des Wortes Gottes zu blicken. Wenn wir das tun, werden diese Wahrheiten durch einfachen Glauben in unserem täglichen Leben manifestiert. Psalm 112,3 besagt:

Reichtum und Fülle ist in seinem Haus, und seine Gerechtigkeit bleibt ewiglich.

Ich ermutige dich eindringlich, die zahlreichen Verheißungen, wie diese hier, zu ergreifen und sie zu einem Teil deines Lebens zu machen. Ich praktiziere dies laufend, während wir hier in Brasilien Waisenhäuser bauen; ich erkläre sie für gesegnet. Ich danke Gott für seine überschwängliche Versorgung und bekenne und erkläre, dass es immer genug Finanzen geben wird, um Gottes Auftrag zu erfüllen.

Jesus sagt weiter: *„Vergib uns unsere Sünden“*. Wieder einmal ist der Schlüssel zum Verständnis dieses Gebetes Beurteilung und Versöhnung. Ich möchte dir eine einfache Frage stellen: 'Findest du irgendeine Schriftstelle in den Briefen, die uns aufträgt, Gott um Vergebung für unsere Sünden zu bitten? Ich nicht! Der Grund ist einfach: Der Neue Bund und das Evangelium der Gnade sind so wunderbar, dass aus Gottes Sicht unsere Sünden ein für alle Mal vergeben sind. Der Hebräerbrief sagt uns, dass Gott unserer Sünden nicht mehr gedenkt (s. Hebräer 8,12). Sündenbewusstsein führt zu einem Leben in Schuld, Verdammnis und Niederlage. Wir aber sollen ein Leben führen, das sich der Vergebung Gottes bewusst ist und fest verwurzelt ist in der Wahrheit, dass wir absolut gerecht sind.

Unzählige Male wurde ich gefragt: „Aber was ist mit 1. Johannes 1,9?"

> *Wenn wir unsere Sünden bekennen, so ist er treu und gerecht dass er uns unsere Sünden vergibt und uns reinigt von aller Ungerechtigkeit.*

Darf ich dich fragen, wo du in dieser Bibelstelle erwähnt findest, dass wir um Vergebung bitten sollen? Etwas zu bekennen und um Vergebung zu bitten, sind zwei verschiedene Dinge. Wenn du zu dieser Stelle des Vaterunsers kommst, folge dem Muster. Wirst du in deinem Leben von Schuld, Scham und Verdammnis geplagt? Dann beginne, Ihm dafür zu danken, dass dir vollkommen vergeben wurde und du frei bist von jeglicher Schuld. Betrachte dich selbst als absolut gerecht und vollkommen in Christus. Wenn du darüber meditierst und in deinem Herzen die bedingungslose Vergebung Gottes für dich ergreifst, dann entscheide dich auch dazu, allen Menschen zu vergeben.

Weiter geht es im Gebet mit *„Führe uns nicht in Versuchung"*. Diese Aussage hat viele der besten Bibellehrer der Welt verwirrt. Ich erinnere mich, wie sehr ich vor 30 Jahren versuchte, eine für mich zufriedenstellende Antwort auf diese Aussage zu finden. Führt Gott uns wirklich in Versuchung, wenn wir ihn nicht darum bitten, es nicht zu tun? Welcher Gott würde seine Kinder an einen Ort der Versuchung führen? Kein irdischer Vater würde so grausam sein und seinen Kindern eine Falle stellen. Und doch glauben Christen, dass unser Vater im Himmel so etwas tun würde. Ich habe persönlich mit einigen der anerkanntesten

Bibellehrer dieses Jahrhunderts gesprochen, um eine Lösung zu finden. Ich konnte niemals wirklich eine Antwort finden, die mich zufriedenstellte, und konnte mit diesem Thema erst Frieden schließen, als ich dieses Gebet im Licht des vollendeten Werkes am Kreuz las und interpretierte.

Wir müssen verstehen, dass alles, was wir in der Bibel lesen - auch die Worte, die Jesus sprach - durch das Licht des Neuen Bundes interpretiert werden muss. Jesus lebte noch nicht im Neuen Bund. Er lebte in einem Zeitabschnitt zwischen dem Alten und dem Neuen Bund. Er ist derjenige, der das Allerheiligste im Himmel mit seinem kostbaren Blut betrat. Daher konnte der Neue Bund erst nach seinem Tod und seiner Auferstehung in Kraft treten. Um dies zu veranschaulichen: Jesus sagte, wenn unsere Hand uns zur Sünde verführen würde, sollten wir sie abschneiden. Wenn wir glauben würden, dass dies der Weg zum Sieg über die Sünde sei, warum stellen unsere Kirchen dann keine Äxte zur Verfügung? Das ist absurd und ich glaube, es veranschaulicht auch deutlich den Punkt: Unser die Sünde überwindender Sieg ist nur in dem vollendeten Werk am Kreuz zu finden! Unsere sündige Natur wurde ans Kreuz genagelt. Daher kommt der Sieg über die Sünde nicht dadurch, dass wir einen Teil unseres Körpers abschneiden, sondern dass wir voll auf das Werk Christi vertrauen. In Jakobus 1,13-14 wird uns gesagt, dass Gott niemals jemanden versucht:

> *Niemand sage, wenn er versucht wird: Ich werde von Gott versucht. Denn Gott kann nicht versucht werden zum Bösen, und er selbst versucht auch niemand; sondern jeder Einzelne wird versucht, wenn er von seiner eigenen Begierde gereizt und gelockt wird.*

Hätte Jesus gemeint, dass wir Gott bitten sollten, uns nicht in Versuchung zu führen, dann hätte Jakobus ihm hier widersprochen. Ich finde es interessant, dass diese Aussage direkt mit der vorhergehenden in Verbindung steht, in der uns gesagt wird, dass wir denen vergeben sollen, die gegen uns sündigen. Ich glaube, wenn wir die Lektion des Vaterunsers ignorieren und in absichtlicher Vergebungslosigkeit leben, dann öffnen wir die Tür zu vielen bösen Versuchungen in unserem Leben.

Jesus beendete sein Gebet mit der Feststellung: *„Denn dein ist das Reich und die Kraft und die Herrlichkeit in Ewigkeit. Amen."* Wenn doch Christen nur diese absolute Wahrheit glauben könnten! Wir müssen lernen, diese Worte über jeder Situation unseres Lebens auszurufen. Sie lehren uns, dass Gott derjenige ist, der letztendlich das Sagen hat. Wenn unsere Herzen diese Wahrheit umarmen können, dann würde viel von dem Stress und Frust der Christenheit heutzutage ausradiert. Ich ermutige dich, dieses Bekenntnis mit einem Herzen voller Glauben und Kühnheit zum täglichen Bestandteil deines Gebetslebens zu machen.

Wenn ich sehe, wie sich Christen in schwierigen Umständen verhalten, frage ich mich oft, ob sie wirklich an einen Gott glauben, der auf dem Thron sitzt. Ich hoffe wirklich, dass die vorangegangenen Kapitel dein Herz dazu bewegt haben, deine Art zu beten zu verändern. Es ist sowohl meine tiefe Überzeugung wie auch meine Erfahrung über die letzten beinahe zwei Jahrzehnte, dass unser Leben sich verändert, wenn wir in unserem persönlichen Gebetsleben auf diese Weise beten. Erlaube mir, dieses Kapitel mit einer wunderschönen Geschichte zu beenden.

Vor einiger Zeit predigte ich in einer wunderbaren Gemeinde in Brasilien. Ich lehrte darüber, dass uns alle Dinge in Christus bereits gegeben wurden, und habe den 600 Anwesenden eine Herausforderung gestellt. Ich sagte zu ihnen: „Ich möchte gerne, dass ihr etwas ausprobiert, um herauszufinden, ob das, was ich euch gelehrt habe, wahr ist. Es wird sehr schwierig für euch werden, weil ihr euch falsche Gewohnheiten angeeignet habt.

Für die nächsten zwei Wochen möchte ich, dass ihr Gott in eurem persönlichen Gebetsleben um nichts bittet. Ich möchte, dass du darüber meditierst, bekennst und glaubst, dass das, was ich euch gelehrt habe, vertrauenswürdig und wahr ist."

Etwa eine Woche später erhielt ich eine Sprachnachricht von einer Frau aus dieser Gemeinde. Ihr Kind musste sich für ein seltenes und eigenartiges Problem in spezielle Behandlung begeben. Alle paar Wochen mussten sie etwa drei Stunden zu dieser Spezialbehandlung fahren. Wenn ich mich richtig erinnere, war es der Mittwoch nach der Sonntagversammlung, an dem die Mutter ihr Kind wieder dorthin bringen musste. Sie hatte kein Geld für Benzin und war sehr versucht dazu, sich zu bekümmern und Gott anzubetteln, doch für sie zu sorgen. Sie widerstand der Versuchung und tat - so wie ich angeleitet hatte - stattdessen das, was ich auch in diesem Buch lehre. Am Montag fing sie damit an, und als sie am Dienstag ihr Bankkonto überprüfte, war dort mehr Geld drin, als sie für Benzin brauchte. Sie sandte mir ein Foto des Bankauszuges, auf dem ich sehen konnte, dass am Montag kein Geld auf dem Konto war. Sie hatte keine Ahnung, wie das Geld auf ihr Konto kam und auch die Bank hatte keine Erklärung dafür. Es war bar eingezahlt worden. Sie hatte keinem Menschen von ihrer ihre Not erzählt und sie einfach Gott übergeben.

Für mich ist der Gedanke nicht abwegig, dass Gott einen Engel gesandt hat, um das Geld einzuzahlen. Warum ich das als Möglichkeit in Betracht ziehe, ist die Tatsache, dass in einer Notlage vor ungefähr 25 Jahren vor mir ein Engel erschien und mir einen Stapel Banknoten auf den Tisch legte, an dem ich saß. Dieses Buch heißt Keine Begrenzungen. Oh, wenn unsere Herzen doch nur glauben und lernen könnten, im angewendeten Glauben zu leben, sodass wir ein Leben ohne Begrenzungen führen würden.

Kapitel 15

Die Macht unserer Worte

Wenn wir ein Leben ohne Begrenzungen führen wollen, müssen wir lernen, wie wir unsere Zunge gebrauchen und die richtigen Dinge bekennen sollen. Die Schrift ist sehr klar betreffs der Macht der Worte, die aus unserem Mund kommen. Unter Bibellehrern ist es gemeinhin üblich, bei der Interpretation und dem Verständnis der Bibel das Gesetz der ersten Erwähnung anzuerkennen. Dieses Gesetz besagt, dass du einfach dorthin zurückgehen musst, wo ein Wort, dass du verstehen willst, das erste Mal in der Bibel erwähnt wird. Dort findet sich auch der Schlüssel dazu, wie es in der gesamten Bibel anzuwenden ist. Wo wird „Sprechen“ das erste Mal in der Bibel erwähnt? In 1. Mose 1,3. Lass uns die ersten drei Verse des 1. Buchs Mose lesen:

> *Im Anfang schuf Gott die Himmel und die Erde. Die Erde aber war wüst und leer, und es lag Finsternis auf der Tiefe; und der Geist Gottes schwebte über den Wassern. Und Gott sprach: Es werde Licht! Und es wurde Licht.*

Ich möchte hier eine Frage stellen: „Was war der Grund, dass Gott hier sprach?“ Ich kann dir versichern, es ging nicht um Kommunikation, da er sich mit niemandem unterhalten hat. Der Grund für sein Sprechen war, die schöpferische Kraft Seines Wortes loszulösen und Licht zu erschaffen. Ich hatte mehrere Erlebnisse mit dem Himmel und eines der erstaunlichen Dinge dort ist, dass du keine Worte brauchst, um zu kommunizieren. Du redest von Geist zu Geist ohne jegliches Missverständnis. Viele von euch, die dieses Buch lesen, haben zu bestimmten Zeiten Gott reden gehört; und doch hast du keine hörbaren Worte vernommen. Das ist so, weil er direkt mit deinem Geist redet. Wegen unserer natürlichen Gesinnung und unseres begrenzten Verstandes glauben wir gerne, dass der Hauptgrund des Sprechens Kommunikation ist. Oh würden wir doch verstehen, dass die Worte aus unserem Mund schöpferische Kraft in sich bergen. Glaube, der Resultate bringt, muss lernen, das Richtige zu bekennen.

Lernen, richtig zu sprechen

Wir müssen lernen, einfach das zu sagen, was Gott in seinem Wort sagt, und nicht das, was unsere Umstände oder Gefühle diktieren. Vor vielen Jahren hörte ich die Aussage: „Gottes Volk kann haben, was sie sagen, aber stattdessen sagen sie, was sie haben.“ Ich glaube, darin verbirgt sich eine gewaltige Wahrheit. Wenn du zum Beispiel unter finanzieller Not oder Krankheit in deinem Leben leidest, musst du dich entscheiden, welche Worte aus deinem Mund kommen. Wenn du wählst, zu sagen, was du hast, nämlich Mangel und Krankheit, dann wirst du wahrscheinlich in diesem Zustand bleiben, weil du bekommst, was du sagst. Du kannst jedoch auch eine andere Entscheidung treffen. Du kannst haben, was du sagst, wenn es in Übereinstimmung mit Gottes Wort ist. Ich habe dir in diesem Buch bereits gezeigt, dass dir in Christus finanzielle Versorgung, Wohlstand und Gesundheit gehören. Wenn du beginnst, das zu bekennen, wirst du haben, was du sagst.

Ich habe gerade in einem Seminar über Glauben gelehrt, als eine junge Frau mich bat, eine Geschichte erzählen zu dürfen. Sie meinte, sie wollte einmal ein Experiment machen und war nicht einmal sicher, ob es auch funktionieren würde. Sie nahm zwei kleine Töpfe und pflanzte in jeden davon die gleiche Sorte Bohnen. Sie behandelte beide Pflanzen genau gleich mit einem einzigen Unterschied, nämlich den Worten, die sie mehrmals täglich über sie aussprach. Der ersten Pflanze sagte sie ständig: „Du bist so dumm. Du bist so hässlich. Du wirst sterben. Du wirst nie wachsen ..." usw. Zur zweiten Pflanze sagte sie: „Du bist wunderschön, du wächst ganz herrlich ..." usw. Zu ihrer Überraschung verwelkte die erste Pflanze und starb, während die andere herrlich wuchs. Uns wird in Römer 4,17 mitgeteilt, dass Gott die Dinge, die nicht existieren, beim Namen ruft:

> *wie geschrieben steht: „Ich habe dich zum Vater vieler Völker gemacht", vor Gott, dem er glaubte, der die Toten lebendig macht und dem ruft, was nicht ist, als wäre es da.*

Das ist ein wunderbarer Vers, der uns die Macht der schöpferischen Worte Gottes vor Augen stellt. Der Zusammenhang ist Abraham, der seinen Sohn empfängt. Wir müssen verstehen, dass Gottes Worte solch schöpferische Kraft haben, dass er Dinge aus dem Nichts ins Sein rufen kann. Es muss nicht in der natürlichen Welt existieren und nicht für unsere natürlichen Sinne erkennbar sein. Die wichtige Frage ist, existiert es in der geistlichen Welt, die bereits eine Realität ist? Gott braucht nichts, um etwas zu erschaffen. Er ist der Schöpfer des Universums. Wenn er einmal spricht, dann wird es sein.

Dein Mund muss Gottes Mund sein

Wenn ich dich fragen würde: „Glaubst du, dass Gottes Worte schöpferische Kraft haben?", bin ich sicher, dass deine Antwort lauten würde: „Natürlich tun sie das!" Lass uns diesen Gedankengang weiterverfolgen und fragen: „Warum haben sie schöpferische Kraft?“ Deine Antwort wäre ziemlich sicher: „Weil sie Gottes Worte sind.“ Nachdem es Gottes Worte sind, die diese schöpferische Kraft innehaben, macht es keinen Unterschied, aus wessen Mund diese Worte kommen. Das ist ein geistliches Gesetz, das sich nicht ändern wird und unter allen Umständen funktioniert. Wenn Gott heute irgendetwas sagt, werden diese Worte dieselbe Kraft haben.

Lass uns nun diesen Gedankengang weiter verfolgen bis zu dem Punkt, an dem wir verstehen, dass - solange seine Worte gesprochen werden - sie dieselbe Kraft haben, egal aus wessen Mund sie kommen. Der große deutsche Evangelist Reinhard Bonnke, der Millionen Menschen in Afrika für Christus gewann, hat durch Glauben das größte Zelt der Welt gebaut, das Evangelium an bis zu eine Million Menschen in einer Veranstaltung gepredigt und hat jedes nur denkbare Wunder gesehen, inklusive der Auferweckung von Toten. Ich kann mich erinnern, dass er zu Beginn seines mächtigen Dienstes sagte, dass Gott ihm klargemacht hätte: „Meine Worte aus deinem Mund haben dieselbe Autorität wie meine Worte aus meinem Mund!“

Wir finden noch eine wunderbare Darstellung der Macht von Gottes Wort in Hebräer 1,3:

> *Dieser ist die Ausstrahlung seiner Herrlichkeit und der Ausdruck (oder: das getreue Abbild) seines Wesens und trägt alle Dinge durch das Wort seiner Kraft ; er hat sich, nachdem er die Reinigung von unseren Sünden durch sich selbst vollbracht hat, zur Rechten der Majestät in der Höhe gesetzt.*

Die Phrase *„Wort seiner Kraft“* bedeutet im Hebräischen: *Sein kraftvoller Befehl.* Gottes Wort ist so kraftvoll, dass es nicht nur erschafft, sondern auch alles zusammenhält, wenn er es spricht.

Mein persönliches Zeugnis

Ich erinnere mich, dass ich sehr entmutigt war, als ich in Brasilien ankam und die portugiesische Sprache lernen musste. Es schien ein zu schwieriges Unterfangen zu sein. Sonntag um Sonntag war ich im Gottesdienst und hatte keine Ahnung, was Pastor Aluizio gepredigt hat. Viele Menschen begannen mich zu bedauern und Woche für Woche sagten sie zu mir, dass Portugiesisch eine sehr schwer zu erlernende Sprache sei. Ein Mann sagte mir sogar, dass es eine der drei schwersten Sprachen ist. Als ich den Fehler machte, diese negativen Worte in mein Herz zu lassen, begann ich sie zu glauben. Wenn man mich fragte, wie ich mit Portugiesisch vorankomme, bekannte ich mit meinem Mund, dass es sehr schwierig war.

Eines Tages saß ich in meinem Zimmer, betete und verbrachte Zeit mit Jesus, als ich plötzlich erkannte, was für einen schrecklichen Weg ich eingeschlagen hatte. Ich sprang auf meine Füße, lief zum großen Spiegel, schaute mir selbst in die Augen und sagte mit einer lauten, autoritären Stimme: „Reinhard, diese Worte werden niemals mehr aus deinem Mund kommen. Nichts ist schwierig, weil Christus in mir lebt, und ich kann alle Dinge durch ihn tun. Der Heilige Geist lebt in mir und spricht jede Sprache dieser Welt, daher kann ich Portugiesisch sprechen!" Es war fast unmittelbar danach, dass ich mich fühlte, als hätte jemand einen Schalter in meinem Hirn umgelegt. Ich begann, Portugiesisch zu verstehen und mich unterhalten zu können.

Das erstaunliche Wunder

Als wir vor 30 Jahren unsere erste Gemeinde in Österreich in einer Stadt mit 32.000 Einwohnern gründeten, mussten wir uns etlichen Herausforderungen stellen. Österreich war ein Land, das für das Evangelium nicht offen war und evangelikale Gemeinden wurden als Sekten betrachtet. In unserer Stadt gab es nur eine weitere Gemeinde mit etwa acht alten Mitgliedern, die bereits seit etwa 20 Jahren versuchten, die Stadt zu evangelisieren. Die Medien warnten die Öffentlichkeit vor evangelikalen Christen und sagten, sie seien eine gefährliche Sekte. Wir begannen, mit Zeichen und Wundern zu evangelisieren und Gottes Kraft zeigte sich. Bald hatten wir eine kleine Gruppe von Neubekehrten. Wir mieteten in einem Hotel einen Raum für unseren Sonntagsgottesdienst. Nach den ursprünglichen Bekehrungen schien es zum Stillstand zu kommen. Wir konnten einfach keine Menschen zu unseren Gottesdiensten bekommen. Als wir beteten, sprach Gott zu uns durch Jesaja 43,5-6:

> *Fürchte dich nicht, denn ich bin bei dir. Ich will deinen Samen vom Osten herführen und dich vom Westen her sammeln. Ich will zum Norden sagen: Gib heraus! Und zum Süden: Halte nicht zurück! Bringe meine Söhne aus der Ferne herbei und meine Töchter vom Ende der Welt.*

In diesem Moment mussten wir eine Entscheidung treffen. „Was sollten wir tun?“ Wir beschlossen, mit Gott anstatt mit unseren Umständen in Übereinstimmung zu gehen und sprachen kühn genau dieselben Worte aus. Jedesmal, wenn wir zusammen kamen, sprachen und deklarierten wir diese Worte. Wir nahmen unsere kleine Gruppe und marschierten mit diesem Bekenntnis stundenlang durch die Straßen der Stadt. Erinnerst du dich an die P,P,P,B-Formel? Wir haben diese Schrifstelle genommen, um diese Formel anzuwenden. Wir sprachen sie positiv aus, in der Gegenwart und persönlich - biblisch war sie ja schon. Wir gingen also herum und sagten: „Wir sind kühn und fürchten uns nicht. Er bringt unsere Nachkommen vom Osten und sammelt sie aus dem Westen. Wir sagen zum Norden ‘Gib heraus‘ und zum Süden 'Halte sie nicht zurück'. Bring unsere Söhne aus der Ferne und unsere Töchter vom Ende der Erde!"

Schon am nächsten Sonntag hatten wir einen neuen Besucher im Gottesdienst. Innerhalb von Wochen kamen Menschen aus allen Richtungen dieses Gebietes und übergaben ihr Leben Jesus. Es ist meine persönliche Überzeugung, dass wir diese Wunder der Bekehrungen nicht erlebt hätten, hätten wir einfach weiter gebetet und Gott angefleht, diesen Vers zu erfüllen. Im nächsten Kapitel werde ich mehr zum Thema Macht unserer Worte sagen.

Kapitel 16

Unser Bekenntnis macht den Unterschied

Um noch beim Thema der Kraft unserer Worte zu bleiben, werde ich dich jetzt ein wichtiges Prinzip lehren.

Zwei Arten von Bekenntnissen

Es gibt zwei Arten von Bekenntnissen und es ist sehr wichtig für uns, zwischen diesen beiden klar zu unterscheiden. Erstens gibt es das Bekenntnis des Glaubens, welches die meisten Christen kennen und praktizieren. 2. Korinther 4,13 drückt es so aus:

> *Weil wir aber denselben Geist des Glaubens haben, gemäß dem, was geschrieben steht: „Ich habe geglaubt, darum habe ich geredet“, so glauben auch wir, und darum reden wir auch.*

Hier sehen wir ganz klar das Prinzip, dass wir erst glauben und dann sprechen müssen. Es ist wichtig zu verstehen, dass - nachdem wir die Wahl getroffen haben, Gottes Worten zu glauben und damit übereinzustimmen - wir treu und beständig bekennen müssen. Ich war in Versammlungen, in denen Menschen eine klare Offenbarung von Gottes Reden hatten und sie sogar glaubten und bekannten; als aber negative Umstände sich nicht so schnell veränderten wie sie es wollten, wurden sie unsicher in ihren Worten und brachten dadurch Unglauben in ihre Herzen.

Gott gebraucht mich seit etwa vier Jahrzehnten im prophetischen Dienst. Das Traurigste in diesem Dienst ist es, dass Gott mich oft zu Gemeinden gesandt hat, um über dem Pastor und der Gemeinschaft ein prophetisches Wort zu sagen. Wenn ich aber dann Monate oder Jahre später wieder in diese Gemeinden kam, hatte es schwierige Zeiten gegeben und die Menschen hatten begonnen, die Umstände anstatt der Worte Gottes zu bekennen. Dadurch hatten sie ihre Herzen für Unglauben geöffnet und das schöpferische Wort Gottes ungültig gemacht. Oh dass Gottes Volk doch aufhören würde, geistliche Abtreibung zu praktizieren. Ich erkläre darüber mehr in meinem Buch Der richtige Umgang mit Prophetie.

Die zweite Art des Bekenntnisses ist die Überzeugung unseres eigenen Herzens. Wir müssen tief in unserem Herzen und Kopf wissen, dass wir niemals etwas bekennen, um Gott davon zu überzeugen, etwas für uns zu tun. Es liegt nichts Falsches in dieser Art von Bekenntnis, solange wir den Unterschied zwischen diesem Bekenntnis und dem Bekenntnis des Glaubens klar verstehen. Wenn du diese beiden verwechselst - was viele Christen machen -, wirst du nicht nur enttäuscht und verwirrt sein, sondern dich auch selbst einschränken. Wenn du etwas bekennst, das dein Herz nicht wirklich glaubt und du der Täuschung unterliegst, dass du glaubst, was du bekennst, bist du in großer Gefahr.

Ich kann nicht genug betonen, dass alle unsere Bekenntnisse im Wort Gottes verwurzelt sein müssen. Viele Menschen haben versucht, positive Bekenntnisse in ihrem Leben anzuwenden und haben große Verluste hinnehmen müssen. Lass mich dir das mit einem praktischen Beispiel zeigen. Vielleicht glaubt dein Herz nicht wirklich, dass du eine völlig neue Schöpfung bist und in Christus vollkommen gerecht. Bedeutet das, dass du das jetzt nicht bekennen solltest, weil du es nicht glaubst? Die Antwort ist offensichtlich „Nein! Natürlich nicht!." Du solltest das dennoch bekennen, weil es hier geschieht, um unser Herz zu überzeugen.

Vielleicht bist du in einem sehr religiösen System groß geworden, das dir beibrachte, du könntest leicht deine Errettung und Annahme von Gott verlieren und dass deine Gerechtigkeit auf deinen guten Taten basiert. Wenn du beginnst, biblische Wahrheiten zu bekennen wie „Ich bin vollkommen gerecht. Ich bin eine völlig neue Schöpfung ..." usw. dann fühlst du dich wie ein Heuchler, besonders an einem schlechten Tag, nachdem du gerade gesündigt hast, mit deinem Ehepartner gestritten hast usw., weil dein Herz diese Wahrheiten nicht glaubt. Dir sind mehr deine Schwächen und Fehler bewusst als die Tatsache, wer du in Christus bist. Hör jedoch nicht auf, die Wahrheit des Wortes Gottes zu bekennen, denn die Zeit wird kommen, wo dein Herz überzeugt sein wird und dein Bekenntnis wirklich zu einem Bekenntnis des Glaubens wird. Wenn du empfindest, dein Bekenntnis sei nicht ehrlich, weil dein Herz sich anders fühlt, dann bekenne einfach: „Gott sagte es, und daher ist es für mich wahr!"

Warum hat Gott Abram's und Sarai's Namen geändert?

Die Bibel sagt uns nicht, warum Gott Abram's und Sarai's Namen geändert hat, aber meinem Verständnis nach gibt es genug Hinweise, die mich zu einer klaren Schlussfolgerung haben kommen lassen. Lass uns doch zuerst die Bibelverse aus 1. Mose 17,5.15 anschauen:

> *1. Mose 17,5*
> *„Darum sollst du nicht mehr Abram heißen, sondern Abraham soll dein Name sein; denn ich habe dich zum Vater vieler Völker gemacht.*

> *1. Mose 17,15*
> *„Und Gott sprach weiter zu Abraham: Du sollst deine Frau Sarai nicht mehr Sarai nennen, sondern Sarah soll ihr Name sein.*

Namen waren in der Hebräischen Kultur maßgeblich; sie haben den Menschen Identität verliehen. Gott sagte Abram, dass er von nun an Abraham heißen solle. Erinnere dich, dass Abrams Problem war, verzweifelt Kinder zu wollen aber keine haben zu können. Abram bedeutet „Hoher Vater", während Abraham „Vater von Vielen" bedeutet. Sarai bedeutet „Prinzessin", aber Sarah heißt „Mutter vieler Nationen." Meinem Verständnis nach ließ Gott sie ihre Namen ändern, damit sie ihre Herzen wirklich dazu bringen konnten, zu glauben, dass sie Eltern vieler Völker werden würden.

Wenn wir Römer 4 und Hebräer 11 lesen, wird über Abraham als erstaunlichen Mann des Glaubens berichtet; jedoch finden wir eine ziemlich andere Geschichte in 1. Mose, wo das Leben Abrahams niedergeschrieben steht. Sogar nachdem Gott Abram sagte, dass er Vater von Vielen sein würde, hat Abram ihm anfangs nicht geglaubt. Er musste die Reise des Glaubens machen, so wie wir alle, und ich glaube, dass Gott das Prinzip des Bekennens bei ihm anwandte, um sein Herz zu überzeugen. Das erste Mal redete Gott zu Abram über seine zukünftigen Nachkommen in 1. Mose 12,2:

> *Und ich will dich zu einem großen Volk machen und dich segnen und deinen Namen groß machen, und du sollst ein Segen sein.*

Wenn Gott dir das Versprechen gibt, dich zu einem großen Volk zu machen, dann ist es wohl offensichtlich, dass du zuerst zumindest ein Kind haben musst. Abram glaubte der Verheißung nicht. Hätte er ihr geglaubt, hätte er keine Angst vor dem

Tod gehabt, da es ja unmöglich für ihn gewesen wäre zu sterben, ohne vorher ein Kind zu haben. Wenn wir die Geschichte über sein Leben lesen, sehen wir, dass er, obwohl er schon die Verheißung empfangen hatte, Angst um sein Leben hatte. So sehr, dass er anderen Männern erlaubte, seine Frau als ihre eigene zu nehmen. Schauen wir uns dazu 1. Mose 12,11-13 an:

> *Und es geschah, als er sich Ägypten näherte, da sprach er zu seiner Frau Sarai: Sieh doch, ich weiß, dass du eine Frau von schöner Gestalt bist. Wenn dich nun die Ägypter sehen, so werden sie sagen: Das ist seine Frau! Und sie werden mich töten und dich leben lassen. So sage doch, du seist meine Schwester, damit es mir um deinetwillen gut geht, und meine Seele am Leben bleibt um deinetwillen!*

Später hat er in demselben Unglauben Ismael gezeugt. Im Hebräer- und Römerbrief wird uns jedoch erzählt, welch ein Mann er wurde, als er wirklichen Glauben erlangte. Daher ist meine Überzeugung, dass Gott seinen Namen änderte, um sein Bekenntnis zu ändern, was dann den Unglauben in seinem Herzen verändern würde. Wir lesen einfach so drüber, Abram, Abraham - so als sei da nur ein kleiner Unterschied bei diesen hebräischen Wörtern. Aber lass es uns in eine Sprache bringen, die du deutlich verstehen kannst.

Da ist also ein Ehepaar, das keine Kinder haben kann, und plötzlich, im Gehorsam Gottes Wort gegenüber, ändern sie ihre Namen. Am Morgen hörst du die Frau zum unfruchtbaren Ehemann sagen: „Vater von Vielen, komm zum Frühstück!" Er erwidert der unfruchtbaren Frau: „Mutter vieler Völker, ich bin schon unterwegs." Kannst du sehen, was Gott tat? Er hat sie dazu gebracht, dass sie täglich das bekennen, was Er als absolute Wahrheit über sie ausgesprochen hat, die sie aber nicht geglaubt hatten.

In Kapitel 18 lacht Sarah sogar über die Vorstellung, ein Kind zu haben. Dennoch, der Hebräerbrief sagt uns, dass sie schließlich doch zum Glauben gekommen ist und so die Kraft hatte, zu empfangen (s. Hebräer 11,11). In 1. Mose 17,5 sehen wir wieder, wie wichtig das Bekennen ist, denn Gott ruft die Dinge, die nicht sind, als seien sie:

> *Darum sollst du nicht mehr Abram heißen, sondern Abraham soll dein Name sein; denn ich habe dich zum Vater vieler Völker gemacht.*

Gott sagt nicht: „Du wirst ein Vater vieler Völker sein", sondern „Ich habe dich zum Vater vieler Völker gemacht." Er hat das in die Vergangenheitsform gesetzt, als Er sagte: „Ich habe dich gemacht", etwas das bereits beschlossene Sache ist.

Was bewirken Gottes Worte?

Erstens erschaffen Gottes Worte, wie wir bereits gesehen haben. Sprich alles, was die Bibel dir verheißt, über dein Leben aus - Gesundheit, Schutz, Wohlergehen, Kraft usw. Ich habe gesehen, wie durch das Sprechen des Wortes Gottes Körperteile erschaffen wurden, die es vorher nicht gab. Das Wort Gottes geht über Zeit und Dimension hinaus, begibt sich in deine Zukunft und beginnt zu erschaffen. Du und deine Zukunft werdet euch begegnen und du wirst ein Leben ohne Begrenzungen leben. Zweitens ermutigen Gottes Worte. 1. Korinther 14,3 erklärt:

> *Wer aber weissagt, der redet für Menschen zur Erbauung.*

Wenn Gottes Worte über Menschen ausgesprochen werden, ermutigen sie immer. Unterschätze die Kraft von Gottes Wort nicht. Drittens gibt Gottes Wort Identität. Wie viele Menschen haben anderen eine vollkommen falsche Identität gegeben? Sie schauen ihr Leben an, sehen ihr Verhalten und gebrauchen Worte, die ihnen Identität geben. Zum Beispiel: „Du bist so faul. Du bist so dumm. Du wirst niemals was lernen." und ähnliche Aussagen. Diese Worte geben denen, über die sie ausgesprochen werden, Identität. Gott hat über uns eine andere Identität ausgesprochen. Erlaube mir, dieses Kapitel damit zu beenden, dir die Identität zu zeigen, die Gott über dir ausgesprochen hat:

- Du bist geliebt und angenommen - Epheser 1,6: *zum Lob der Herrlichkeit seiner Gnade, mit der er uns begnadigt hat in dem Geliebten.*

- Du bist gesegnet - Epheser 1,3: *Gepriesen sei der Gott und Vater unseres Herrn Jesus Christus, der uns gesegnet hat mit jedem geistlichen Segen in den himmlischen Regionen in Christus.*

- Du bist eine neue Schöpfung - 2. Korinther 5,17: *Darum, ist jemand in Christus, so ist er eine neue Schöpfung; das Alte ist vergangen, siehe, es ist alles neu geworden.*

- Du bist gerecht - 2. Korinther 5,21: *Denn er hat den, der von keiner Sünde wusste, für uns zur Sünde gemacht, damit wir in ihm zur Gerechtigkeit Gottes würden.*

- Du bist ein Kind Gottes - Johannes 1,12: *Allen aber, die ihn aufnahmen, denen gab er das Anrecht, Kinder Gottes zu werden, denen, die an seinen Namen glauben.*

Ich fordere dich heraus, eine radikale Entscheidung darüber zu treffen, was du bekennst, und somit die Begrenzungen aus deinem Leben zu entfernen. Wo immer du jetzt gerade bist, steh bitte auf und bekenne mit mir:

„Vater im Himmel, ich danke Dir, dass Dein Wort absolut wahr ist. Ich habe, was Du sagst, das ich habe und ich bin, wer

Du sagst, der ich bin. Ich erkläre das heute und werde auch weiterhin die Wahrheit Deines Wortes über meinem Leben aussprechen. Ich bin gesegnet mit jeder geistlichen Segnung in der Himmelswelt, wo ich mit Christus sitze, und daher fordere, bekenne und erkläre ich, dass alle diese Segnungen mir gehören und sich in meinem Leben manifestieren werden. Dies wird so sein mit meiner Gesundheit, meinen Finanzen, meinen Beziehungen, meiner Familie und in jedem anderen Bereich meines Lebens. Amen!“

Mache das mit der Hilfe des Heiligen Geistes zu einer Gewohnheit in deinem Leben.

Kapitel 17

Wir wählen

Jesus kam aus mehr als einem Grund auf die Erde. Einige glauben, er kam nur, um uns von unseren Sünden zu erretten, was nicht stimmt. Uns wird gesagt, dass er auch kam, um die Werke des Teufels zu zerstören (1. Johannes 3,8). Einer der wichtigen Gründe für sein Kommen, den viele Christen nicht sehen, war, uns den Vater zu zeigen. Wir müssen verstehen, dass das Konzept von Gott als Vater in den Köpfen der Menschen unter dem Alten Bund nicht vorhanden war. Tatsache ist, dass es als Gotteslästerung betrachtet wurde, Gott als Vater zu sehen. Das ist auch einer der Gründe, warum die Pharisäer oft erzürnt über Jesus waren. Er hat Gott als seinen Vater angesprochen und seine Jüngern im Vaterunser dazu angehalten, ihn ebenso als Vater anzureden.

Da Jesus kam, um uns den Vater zu offenbaren, sollten wir in Erinnerung behalten, dass alles, was Jesus tat, das Herz unseres Vaters im Himmel offenbart. Er sagte uns in Johannes 5,19:

> *Da antwortete Jesus und sprach zu ihnen: Wahrlich, wahrlich, ich sage euch: Der Sohn kann nichts von sich selbst aus tun, sondern nur, was er den Vater tun sieht; denn was dieser tut, das tut gleicherweise auch der Sohn.*

Kolosser 1,15-16 bestätigt diese Wahrheit, indem dort steht, dass Jesus das Abbild des unsichtbaren Gottes war. Wenn du wirklich das Wesen und Herz Gottes kennen willst, dann ermutige ich dich, das Leben Jesu zu studieren. Du wirst erkennen, dass er die Sünder, die Schwachen und Verlorenen leidenschaftlich liebt. Du wirst ihn fürsorglich und nicht verurteilend erleben. Gott begann, durch die Erzählung der Vermehrung von Brot und Fisch aus Johannes 6 intensiv zu mir zu sprechen. Da mich Gott so aufwühlte, habe ich einige Monate damit verbracht, dieses Kapitel immer wieder zu lesen und darüber nachzusinnen. Eines Morgens beschloss ich, früh aufzustehen und den ganzen Vormittag ohne jede Ablenkung in der Gegenwart des Herrn zu verbringen. Was Gott mir da zeigte, fühlte sich wie eine Explosion in meinem Herzen an. Erinnere dich, in allem was Jesus tut, sehen wir den Vater. Bitte lies diese Geschichte langsam, sorgfältig und betend.

> *Johannes 6,1-13*
> *Danach fuhr Jesus über den See von Galiläa bei Tiberias. Und es folgte ihm eine große Volksmenge nach, weil sie seine Zeichen sahen, die er an den Kranken tat. Jesus aber ging auf den Berg und saß dort mit seinen Jüngern beisammen. Es war aber das Passah nahe, das Fest der Juden. Da nun Jesus die Augen erhob und sah, dass eine große Volksmenge zu ihm kam, sprach er zu Philippus: Wo kaufen wir Brot, damit diese essen können? (Das sagte er aber, um ihn auf die Probe zu stellen, denn er selbst wusste wohl, was er tun wollte). Philippus antwortete ihm: Für 200 Denare Brot reicht nicht aus für sie, dass jeder von ihnen auch nur ein wenig bekommt! Da sprach einer von seinen Jüngern, Andreas, der Bruder des Simon Petrus, zu ihm: Es ist ein Knabe hier, der hat fünf Gerstenbrote und zwei Fische; doch was ist das für so viele? Jesus aber sprach: Lasst die Leute sich setzen! Es war nämlich viel Gras an dem Ort. Da setzten sich die Männer; es waren etwa 5 000. Und Jesus nahm*

die Brote, sagte Dank und teilte sie den Jüngern aus, die Jünger aber denen, die sich gesetzt hatten; ebenso auch von den Fischen, so viele sie wollten. Und als sie gesättigt waren, sprach er zu seinen Jüngern: Sammelt die übriggebliebenen Brocken, damit nichts verdirbt! Da sammelten sie und füllten zwölf Körbe mit Brocken von den fünf Gerstenbroten, die denen übriggeblieben waren, welche gegessen hatten.

Warum hat Jesus Essen vermehrt?

In Johannes 6 wird uns nicht direkt gesagt, warum er das tat, aber in der Geschichte der Essensvermehrung in Matthäus 15,32 finden wir den Grund:

Da rief Jesus seine Jünger zu sich und sprach: Ich bin voll Mitleid mit der Menge; denn sie verharren nun schon drei Tage bei mir und haben nichts zu essen, und ich will sie nicht ohne Speise entlassen, damit sie nicht auf dem Weg verschmachten.

Jesus hat sie gespeist, weil er einfach Mitleid hatte. Ich möchte, dass du in Erinnerung behältst, dass es sich hier um das Versorgen mit Materiellem, nicht Geistlichem, geht. Wenn Jesus deinen materiellen Mangel sieht, fühlt Er Mitleid, was ein Ausdruck des Herzens des Vaters ist. Gottes Versorgung für uns geschieht nicht aus denselben Motiven heraus, wie Menschen das gewöhnlich tun. Wir geben, weil wir einen Mangel sehen. Gott gibt, weil Er großzügig ist. Seine Versorgung zeigt seinen freundlichen und großzügigen Charakter.

Als wir begannen, Waisenhäuser in Brasilien zu bauen, gab es selbstverständlich einen ständigen Bedarf an Finanzen. Vor Jahrzehnten hatten Debi und ich die Entscheidung getroffen, dass wir uns niemals an Menschen um Versorgung wenden wollten und keine Schulden machen würden. Gottes Versorgung allein sollte unsere Quelle sein. Eines Morgens während meiner Zeit mit Jesus sagte er mir, ich solle den Psalm 68 lesen. Also las ich ihn, aber mich sprach nichts speziell an. Dasselbe Szenario wiederholte sich etwa zwei Wochen lang. Dann sagte ich zum Herrn: „Herr, du sagst offenbar etwas, das ich nicht höre. Was ist es?“ Er zeigte mir den Vers 11:

> *In deiner Güte, o Gott, hast du es für die Elenden zubereitet!*

Als ich über diesen Vers nachdachte und darüber grübelte, sagte der Herr: „Ich möchte nicht, dass du jemals denkst, ich versorge die Waisen, um die du dich für mich kümmerst, weil sie arm sind und Not leiden. Ich tue es, weil meine Güte mich dazu treibt!“ Ich sprang aus meinem Sessel auf und mit tränenüberströmtem Gesicht verkündete ich: „Gott, Du bist gut! Nichts als gut, immer gut und nur gut, daher werde ich immer mehr als versorgt sein.“ Wenn wir von Gottes Güte nicht überzeugt sind, wie können wir ihm dann dafür glauben, uns großzügig zu versorgen? Wir werden Millionen brauchen, um die größte Seelenernte aller Zeiten für Jesus einzubringen. Alle Ressourcen im Himmel stehen uns dafür zur Verfügung. Wir können nehmen, soviel wir für uns brauchen und dafür, Gottes Plan auf dieser Erde zu erfüllen.

Gott hat bereits entschieden

Als ich an jenem Vormittag Johannes 6 über die Speisung von Tausenden immer wieder las, haben einige Dinge klar zu meinem Herzen gesprochen. Ob du die Versorgung Gottes in deinem Leben verwirklicht siehst oder nicht, macht keinen Unterschied. Gott hat sich bereits zur Großzügigkeit entschlossen. Die Verse 5-6 zeigen das deutlich:

> *Da nun Jesus die Augen erhob und sah, dass eine große Volksmenge zu ihm kam, sprach er zu Philippus: Wo kaufen wir Brot, damit diese essen können? (Das sagte er aber, um ihn auf die Probe zu stellen, denn er selbst wusste wohl, was er tun wollte.)*

Obwohl Jesus Philippus fragte: *„Wo sollen wir Brot kaufen?"* sagt uns Vers 6, dass er ihn nur geprüft hat, weil er sich bereits entschlossen hatte, großzügig zu sein. Gott hat bereits entschieden, dass seine Großzügigkeit dir gehört.

Wir wählen

Wenn Gott sich also bereits entschieden hat, im Leben seiner Kinder außergewöhnlich großzügig zu sein, warum leiden dann so viele Christen, die Gott aufrichtig lieben, Mangel? Was mir Gott an jenem Morgen durch diese Bibelstelle zeigte, traf mich wie eine unglaubliche Offenbarung. Denke über den Vers 11 nach und schau, wie deutlich das hier gezeigt wird:

> *Und Jesus nahm die Brote, sagte Dank und teilte sie den Jüngern aus, die Jünger aber denen, die sich gesetzt hatten; ebenso auch von den Fischen, soviel sie wollten.*

Die Bibel sagt, dass an die Menschen ausgeteilt wurde *soviel sie wollten*, nicht *soviel sie brauchten.* Denke daran, dass Jesus uns das Herz des Vaters zeigt.

Der Vater sagte, dass jeder soviel haben könne, wie er wolle. Wir können also nicht Gott die Schuld zuschieben, wenn es keine ausreichende Versorgung in unserm Leben gibt, sondern nur uns selbst. Das mag jetzt hart klingen und ich versteh das, denn in den frühen Jahren unseres Dienstes haben wir auch Zeiten erlebt, in denen wir gerade so durchkamen. Wenn ich heute auf mein Leben zurückblicke verstehe ich, dass der Mangel nichts mit Gott zu tun hatte, sondern völlig an mir lag, weil ich zu wenig Offenbarung und Verständnis hatte, und zu wenig Glauben an das vollendete Werk des Kreuzes.

Die Aussage *„soviel sie wollen"* bedeutet in der Originalsprache, entschlossen oder resolut zu sein, eine große Menge zu nehmen. Jesus hat nicht festgelegt, wie viel jeder erhalten solle. Es war einzig und allein ihre Wahl. Ich stelle mir vor, dass es in jener Menge Menschen mit unterschiedlicher Mentalität und Herzenshaltung gab. Vielleicht war da ein Mensch mit einer Armutshaltung - sie hätten wohl weiter gebettelt, als das Brot und der Fisch zu ihnen kam und hofften, ein paar Krümel zu erhaschen. Das wäre auch alles gewesen, was sie bekommen hätten. Vielleicht war da ein Mensch mit einem schlechten Selbstbild, der sich für unwürdig hielt oder glaubte, Jesus wolle für ihn keinen Überfluss. Auch er würde wohl wenig erhalten haben.

Vielleicht gab es da auch eine Person voller Kleinglauben und Angst, mutig zuzugreifen. Auch sie hätte wohl sehr wenig erhalten. Oder es könnte auch jemand dabei gewesen sein, der sich sagte: „Ich schnappe mir mehr als die anderen. Ich werde essen, bis ich satt bin; dann nehme ich noch etwas mit nach Hause für meine Freunde und Nachbarn und den Rest verkaufe ich auf dem Markt." Er hätte wohl Überfluss gehabt, denn soviel hätte er sich genommen. Jesus hat nicht bestimmt, wie viel jeder bekommt. Er war ein Abbild des großzügigen Vaters. Die Menschen mussten sich entscheiden.

Die schmerzliche Wahrheit ist - und auch ich musste das in meinem eigenen Leben erfahren -, dass es nichts mit Gott zu tun hat, wie viel oder wie wenig du hast, sondern stattdessen vom Zustand deines eigenen Herzens abhängt. Du wirst immer das haben, wofür du in deinem Herzen glaubst. In der originalen Grammatik ist das in der aktiven Form niedergeschrieben, was bedeutet, dass du nimmst und immer weiter nimmst. Mir ist völlig bewusst, dass es bezüglich der Botschaft des Wohlergehens überall auf der Welt viel Missbrauch gegeben hat. Menschen haben Geld oft für selbstsüchtige Zwecke und aus gierigen Motiven ausgegeben und zugelassen, dass die Geldliebe ihre Herzen gefangengenommen hat.

Das gibt uns dennoch nicht das Recht, das Wort Gottes zu verändern oder gar abzulehnen. Gott ist ein Vater, der seine Kinder züchtigt - es ist nicht unsere Aufgabe, das zu tun oder jemanden zu verurteilen. Wir alle müssen eines Tages persönlich für unser Leben vor Jesus Rechenschaft ablegen.

In seine Ruhe einkehren

Es gibt noch einen wunderschönen Gesichtspunkt in dieser Geschichte, nämlich den, dass Jesus sie niedersitzen hieß, bevor sie versorgt wurden. In Vers 10 steht:

> *Jesus aber sprach: Lasst die Leute sich setzen! Es war nämlich viel Gras an dem Ort. Da setzten sich die Männer; es waren etwa 5 000.*

Ich glaube, dass dies davon spricht, in seine Ruhe einzukehren. Du kannst Gottes großzügige Versorgung nicht erleben, wenn du nervös betest, bittest und bettelst. Du musst in der Ruhe des vollendeten Werkes sein, auf seine Güte und Freundlichkeit vertrauen, in deinem Herzen völlig überzeugt sein, dass dies sein Wunsch für dich ist. Jesus benutzte nicht seine Gottheit und göttliche Kraft hier auf der Erde, um Wunder zu wirken; Er vollbrachte sie als Mensch, durch Glauben. Daher können wir größere Werke als er tun, wenn wir glauben. In dieser Geschichte zeigte er uns, wie angewendeter Glaube aussieht. Im Vers

11 wird uns berichtet, dass er ganz einfach das Brot und den Fisch nahm, dankte und austeilte. Durch Danksagung drückte er Seinen Glauben aus und dann handelte Er demgemäß, völlig auf die Versorgung seines Vaters vertrauend.

Ein wunderschönes Zeugnis

Nur wenige Wochen, bevor ich dies schrieb, war ich in den Vereinigten Staaten mit einem befreundeten Pastor zusammen. Er erzählte mir, dass der Vermieter, von dem er das Gemeindegebäude mietete, die Gemeinde um 35.000$ betrogen hatte. Es handelte sich um eine kleine Gemeinde und dieser Geldbetrag ist eine große Sache für sie. All seine Gebete und Gespräche mit der schuldigen Person blieben erfolglos. Er dachte bereits darüber nach, einen Anwalt zu konsultieren. Ich sagte ihm, dass das Verhalten des Vermieters ungerecht und unakzeptabel war. In einfachen Worten und im annehmenden Glauben haben wir diese Angelegenheit vor dem Richterthron des Himmels als erledigt verkündet. Er erzählte mir, dass er den ganzen Abend lang einfach bekannte: „Es ist vollbracht, es ist vollbracht!" Schon am nächsten Morgen war der Scheck in seiner Hand. Wenn wir doch verstehen könnten, dass es wirklich keinerlei Begrenzungen in unserem Leben gibt!

Einige Entscheidungen treffen

Schlussendlich musst du einige wichtige Entscheidungen treffen, damit du wirklich so leben kannst, wie ich es dich hier gelehrt habe. Zuerst musst du dein ungläubiges Herz los werden und lernen, in annehmendem Glauben zu beten. Weiter musst du eine Entscheidung darüber treffen, was du wirklich willst. Bist du mit deinem jetzigen Lebensstil zufrieden? Was willst du tief drinnen in deinem Herzen wirklich? Wie viel willst du? Möchtest du gerade so auskommen? Dann wirst du das bekommen. Schreibe deine Entscheidung nieder.

Ich habe die Entscheidung getroffen, ein Millionär zu werden. Mein Herz sehnt sich danach, Millionen in das Reich Gottes zu investieren in Missionen, an arme, notleidende Kinder und auch nicht über meine persönliche Versorgung nachdenken zu müssen, sondern mein Leben so zu führen, dass ich nicht über meine alltäglichen Bedürfnisse nachdenken muss und mich an Gottes Güte erfreuen kann. Drittens musst du dich selbst positionieren. Nimm einen kühnen Standpunkt ein und erkläre: „Ich bin in einer Stellung, in der ich alle Ressourcen des Himmels, die mir in Christus gehören, nehmen kann. Gott sagt, dass ich soviel haben kann, wie ich will. Ich werde keine finanziellen Sorgen, sondern stattdessen Überfluss haben, um Gottes Güte genießen und bei jeder Gelegenheit großzügig sein zu können."

Wenn du dich nicht aktiv so positionierst, dass du alles empfangen kannst, was Gott dir bereits gegeben hat, wirst du das nicht erfahren. Vor etwa 25 Jahren stand ich vor meiner kleinen Gemeinde in Österreich und sagte: „Ich werde Millionär sein!" In den letzten zwei Jahren haben wir über eine Million Riels (über 220.000€) von unserem liebenden Himmlischen Vater empfangen, um sie in Häuser für Kinder zu investieren. Viertens musst du Armut in deinem Leben widersagen, verweigern und abweisen. Erkläre sie für illegal in deinem Leben. Fünftens, verkünde das vollendete Werk des Kreuzes. Christus hat für deine Versorgung bereits bezahlt. Höre nicht auf zu bekennen, dass es gemäß dem Neuen Bund als vollendet gilt.

Kapitel 18

Fasten im Neuen Bund

Vielleicht fragst du dich, was Fasten in einem Buch über Leben ohne Begrenzungen verloren hat. Ich werde dir zeigen, wie Fasten die Begrenzungen in deinem Leben entfernt. Erinnere dich daran, dass Gott mir sagte, er legt seinem Volk keine Beschränkungen auf. Sie begrenzen sich selbst durch den Unglauben in ihrem Herzen. Seit ich über das Leben im Neuen Bund lehre, wurde mir oft diese Frage gestellt: „Müssen wir noch fasten?" Während die Botschaft der Gnade sich weltweit ausbreitet, brauchen Menschen, die ihr gesamtes Leben unter dem Gesetz verbracht haben, Zeit zur Anpassung. Plötzlich erkennen sie, dass sie bedingungslos geliebt werden und nichts tun müssen, um sich Gottes Gunst zu verdienen. Zuvor war ihr Fasten durch Selbstgerechtigkeit motiviert oder dadurch, Gunst beim Herrn zu erlangen. Es ist logisch, dass sie denken, sie müssten nicht mehr fasten, nachdem sie Gottes unverdiente Gunst bereits haben. Ich bin zutiefst begeistert über die unzähligen Zeugnisse von Menschen und ganzen Gemeinden, die die Botschaft des Neuen Bundes angenommen haben.

Ich bin ein Mann, der leidenschaftlich über den Neuen Bund lehrt, den die Botschaft der Gnade völlig ergriffen hat, der sich täglich an der bedingungslosen Liebe und Gunst des Herrn erfreut - und doch einen fastenden Lebensstil führt. Das verwirrt einige Menschen und bringt ein Durcheinander in ihr Denken. Ich glaube, dieses und das nächste Kapitel wird einige dieser Verwirrungen auflösen.

Müssen wir fasten?

Meinem Verständnis nach gibt es absolut keinen Zweifel darüber, dass Fasten ein Teil des normalen Christenlebens ist. In Matthäus 6,1-18 lehrt Jesus seine Jünger in ein und demselben Zusammenhang drei wichtige Aspekte des christlichen Lebens. Diese drei Schwerpunkte sind Geben, Gebet und Fasten. Jesus hat diese drei Bereiche nicht getrennt, sondern sie vielmehr in eine einzige Lehreinheit für seine Jünger verpackt. Damit wir dieses Thema völlig verstehen können, möchte ich mit dir den gesamten langen Text lesen:

> *Habt acht, dass ihr eure Almosen nicht vor den Leuten gebt, um von ihnen gesehen zu werden; sonst habt ihr keinen Lohn bei eurem Vater im Himmel. Wenn du nun Almosen gibst, sollst du nicht vor dir her posaunen lassen, wie es die Heuchler in den Synagogen und auf den Gassen tun, um von den Leuten gepriesen zu werden. Wahrlich, ich sage euch: Sie haben ihren Lohn schon empfangen. Wenn du aber Almosen gibst, so soll deine linke Hand nicht wissen, was deine rechte tut, damit dein Almosen im Verborgenen ist. Und dein Vater, der ins Verborgene sieht, er wird es dir öffentlich vergelten. Und wenn du betest, sollst du nicht sein wie die Heuchler; denn sie stellen sich gern in den Synagogen und an den Straßenecken auf und beten, um von den Leuten bemerkt zu werden. Wahrlich, ich sage euch: Sie haben ihren Lohn schon empfangen. Du aber, wenn du betest, geh in dein Kämmerlein und schließe deine Türe zu und bete zu deinem Vater, der im Verborgenen ist; und dein Vater, der ins Verborgene sieht, wird es dir öffentlich vergelten. Und wenn ihr betet, sollt ihr nicht plappern wie die*

Heiden; denn sie meinen, sie werden erhört um ihrer vielen Worte willen. Darum sollt ihr ihnen nicht gleichen! Denn euer Vater weiß, was ihr benötigt, ehe ihr ihn bittet. Deshalb sollt ihr auf diese Weise beten: Unser Vater, der du bist im Himmel! Geheiligt werde dein Name. Dein Reich komme. Dein Wille geschehe, wie im Himmel, so auch auf Erden. Gib uns heute unser tägliches Brot. Und vergib uns unsere Schulden, wie auch wir vergeben unseren Schuldnern. Und führe uns nicht in Versuchung, sondern errette uns von dem Bösen. Denn dein ist das Reich und die Kraft und die Herrlichkeit in Ewigkeit! Amen. Denn wenn ihr den Menschen ihre Verfehlungen vergebt, so wird euer himmlischer Vater euch auch vergeben. Wenn ihr aber den Menschen ihre Verfehlungen nicht vergebt, so wird auch euer Vater eure Verfehlungen auch nicht vergeben. Wenn ihr aber fastet, sollt ihr nicht finster dreinsehen wie die Heuchler; denn sie verstellen ihr Angesicht, damit es von den Leuten bemerkt wird, dass sie fasten. Wahrlich, ich sage euch: Sie haben ihren Lohn schon empfangen. Du aber, wenn du fastest, so salbe dein Haupt und wasche dein Angesicht, damit es nicht von den Leuten bemerkt wird, dass du fastest, sondern von deinem Vater, der im Verborgenen ist; und dein Vater, der ins Verborgene sieht, wird es dir öffentlich vergelten.

Kein Christ würde je bezweifeln, dass wir beten und geben sollten; und doch gibt es Christen, die bezweifeln, dass wir fasten sollen. Die Tatsache, dass Jesus alle drei Punkte als ein Thema lehrt, macht es jedoch für mich klar, dass Fasten genauso ein Teil des Christenlebens ist wie Beten und Geben. Dreimal finden wir, dass Jesus das Wort „wenn“ und nicht „falls“ im

Zusammenhang mit Geben, Beten und Fasten verwendet. Das zeigt ganz deutlich, dass er von Seinen Jüngern erwartet, diese drei Dinge zu tun.

> *2 Wenn du nun Almosen gibst, sollst du nicht vor dir her posaunen lassen, wie es die Heuchler in den Synagogen und auf den Gassen tun, um von den Leuten gepriesen zu werden. Wahrlich, ich sage euch: Sie haben ihren Lohn schon empfangen. 5 Und wenn du betest, sollst du nicht sein wie die Heuchler; denn sie stellen sich gern in den Synagogen und an den Straßenecken auf und beten, um von den Leuten bemerkt zu werden. Wahrlich, ich sage euch: Sie haben ihren Lohn schon empfangen. 16 Wenn ihr aber fastet, sollt ihr nicht finster dreinsehen wie die Heuchler; denn sie verstellen ihr Angesicht, damit es von den Leuten bemerkt wird, dass sie fasten. Wahrlich, ich sage euch: Sie haben ihren Lohn schon empfangen (Hervorhebung d. Autor)*

Der Grund, warum Jesus die Worte *„Wenn du fastest"* verwendet, liegt darin, dass er es für selbstverständlich hält, dass seine Jünger fasten. Er hat ihnen nur aufgetragen, es anders als in ihrer Kultur und Religion üblich zu tun. Die Geschichte überliefert, dass die religiösen Juden einen Tag pro Woche von Sonnenuntergang bis Sonnenuntergang fasteten. Die Pharisäer wollten jedoch noch gerechter erscheinen und fasteten zwei Tage pro Woche, Montags und Donnerstags, weil diese Markttage und die Straßen voller Menschen waren. Sie schmierten sich weiße Farbe ins Gesicht und standen an den Straßenecken der geschäftigen Märkte, damit die vorübergehende Menschenmenge sie sehen konnte. Ich muss dich daran erinnern, dass Jesus hier zu jüdischen Männern in einem jüdischen Kulturkreis spricht. Als er zu Seinen Jüngern über Fasten redete, haben sie zwei Dinge verstanden: Jede religiöse Person fastet einen Tag pro Woche und die besonders Religiösen fasten zwei Tage pro Woche.

Als Jesus sie über Fasten lehrte, haben sie es als völlig selbstverständlich empfunden, zu fasten. Was so radikal an seiner Lehre war, ist die Tatsache, dass er ihnen auftrug, es völlig anders zu tun. Wenn wir das Leben Jesu studieren, sehen wir, dass er Religion und das religiöse Denken stets konfrontierte. Er brach wiederholt den Sabbat und beleidigte damit religiöse Menschen. Er gab sich mit Sündern in solch einem Ausmaß ab, dass er als Weinsäufer und Schlemmer bezeichnet wurde. Ich glaube, dass Jesu Jünger trotz seiner klaren Instruktionen über die Wichtigkeit und Art des Fastens zu dieser Zeit nicht fasteten. Wir werden das später noch sehen.

Ich bin ein großer Fan ausgedehnten Fastens, aber was mich traurig macht, ist die Tatsache, dass in der christlichen Welt mangelndes Verständnis über dieses Thema vorherrscht. Denke daran, dass Jesus zu einem Kulturkreis sprach, in dem Fasten eine regelmäßige, wöchentliche Aktivität war. Ich glaube, dass es wichtig ist, dass Gemeinden gemeinsame, lange Fastenzeiten halten. Jedoch halte ich nichts von der Einstellung, dass - weil zweimal im Jahr eine längere Zeit gefastet wird - des Fastens schon genug ist. Das ist für mich genauso absurd wie zu sagen: „Ich gebe zweimal im Jahr einen größeren Geldbetrag, und damit hat es sich. Ich möchte der Gemeinde dieses Jahr nichts mehr geben." Wir könnten dasselbe Prinzip auf Gebet anwenden. Du betest auch nicht zweimal im Jahr 3 Tage und Nächte lang, und das war's dann. Jeder Christ würde mir da recht geben. Und doch, beim Fasten gehen wir die Sache völlig anders an. Daher, als Jesus zu ihnen sagte: „Wenn du fastest", verstanden sie deutlich, dass es mindestens einmal, wenn nicht zweimal pro Woche von Sonnenuntergang zu Sonnenuntergang stattfinden sollte. Das war von ihrer Hingabe abhängig. Jesus sagte nicht, dass mit dem Fasten selbst etwas nicht stimme, sondern nur mit der Einstellung, mit der man fastet.

Erlaube mir, dir eine von Hunderten übernatürlicher Erfahrungen während eines längeren Fastens zu erzählen. Wir lebten in Wien, Österreich, als Gott mir sagte, ich sollte ein 40-tägiges Fasten ohne jegliches Essen machen. Ich sagte zum Herrn: „Wenn du die Engel am Ende deiner Fastenzeit brauchtest, damit sie dir dienen, so brauche ich sie zu Beginn meines Fastens." Es war der erste Tag des Fastens. Unser jüngerer Sohn war neun Jahre alt und musste eine Woche lang mit auf einen Schulausflug. Wir lebten nur etwa 10 Minuten von seiner Schule entfernt. An jenem Morgen sagte ich zu meinem Sohn: „Ich werde mit dir zur Schule gehen und deinen Koffer tragen; du kannst den Hund an der Leine führen." Wir hatten einen sehr großen Golden Retriever, stark und muskuläre, 45 kg schwer. Wenn er andere große, starke Rüden sah, mussten wir ihn fernhalten, da er stets raufen wollte.

Mein Sohn und ich gingen also am Gehsteig dahin, als ein großer Schäferhund auf uns zukam und mein Sohn wusste, er würde nicht stark genug sein, um unseren Hund zurückzuhalten. Er sagte: „Papa, ich geh auf die andere Straßenseite und wenn der Hund vorbei ist, komm ich zurück." Und das tat er. Als der andere Hund weg war, begann mein Sohn wieder die Straße zu überqueren, um zu mir zu kommen. Ich rief den Hund zu mir. Mein Sohn hatte die Leine um sein Handgelenk gewickelt und der Hund zog ihn in meine Richtung. Ich hatte nicht gesehen, dass eine Straßenbahn mit hoher Geschwindigkeit ganz in der Nähe meines Sohnes unterwegs war. Er hatte nicht die Kraft, den Hund zurückzuhalten, konnte jedoch auch seine Hand nicht aus der Schlinge ziehen, und so waren beide bereits laufend in meine Richtung unterwegs. In meinen Gedanken sah ich bereits einen toten Sohn und Hund. Ich rief aus: „Jesus!", und in demselben

Moment schossen zwei Engel vom Himmel, die ich deutlich sah (und mein Sohn sagte später, dass er sie ebenfalls gesehen hatte), schubsten und hielten meinen Sohn und den Hund zurück und retteten so ihr Leben. Erinnerst du dich, dass ich Gott sagte, ich bräuchte seine Engel zu Beginn meiner Fastenzeit, und das war am ersten Tag.

Kapitel 19

Die Kraft des Fastens

Lass uns zum Thema Fasten das Leben von Paulus und den Aposteln in der frühen Gemeinde anschauen. Es gibt genug Bibelstellen, die beweisen, dass Fasten gängige Praxis in der frühen Christenheit war. Paulus sagte, dass er oft fastet. Die Leiter der Gemeine in Antiochia waren zusammen, um zu fasten und zu beten, woraus eine große Missionsarbeit entstand. Als sie Älteste einsetzten, fasteten sie. Schau bitte diese drei Verse an:

> *2. Korinther 11,27*
> *... in Arbeit und Mühe, oftmals in Nachtwachen, in Hunger und Durst; oftmals in Fasten, in Kälte und Blöße ...*
>
> *Apostelgeschichte 13,2*
> *Als sie nun dem Herrn dienten und fasteten, sprach der Heilige Geist: Sondert mir Barnabas und Saulus aus zu dem Werk, zu dem ich sie berufen habe!*
>
> *Apostelgeschichte 14,23*
> *Nachdem sie ihnen aber in jeder Gemeinde Älteste bestimmt hatten, befahlen sie sie unter Gebet und Fasten dem Herrn an, an den sie gläubig geworden waren.*

Was ist Fasten?

Ursprünglich bedeutet Fasten, sich der Speisen zu enthalten. Ich habe gehört, dass Menschen Fernsehfasten, Internetfasten, Handyfasten usw. Ich bin sicher, dass dies eine großartige geistliche Disziplin ist, aber im eigentlichen Sinn ist das nicht gemeint mit Fasten, da Fasten immer Enthaltsamkeit von Essen bedeutet. In der jüdischen Kultur geschah dies immer von Sonnenuntergang bis Sonnenuntergang. Im Neuen Testament sehen wir ein sehr interessantes Muster, welches das Fasten ganz klar zu einer geistlichen und nicht nur physischen Disziplin erhebt. Immer wieder wird Fasten mit Gebet in Zusammenhang gebracht. Das zeigt uns deutlich, dass Enthaltsamkeit von Speisen, ohne Zeit im Gebet zu verbringen, im Sinne des Neuen Testaments kein Fasten, sondern eine Diät ist. Denk einmal über folgende Verse nach:

> *Matthäus 17,21*
> *„Aber diese Art fährt nicht aus außer durch Gebet und Fasten."*

> *Lukas 5,33*
> *Sie aber sprachen zu ihm: „Warum fasten die Jünger des Johannes so oft und verrichten Gebete, ebenso auch die der Pharisäer; die deinigen aber essen und trinken?"*

> *Apostelgeschichte 10,30*
> *Und Kornelius sprach: Vor vier Tagen fastete ich bis zu dieser Stunde, und ich betete um die neunte Stunde in meinem Haus. Und siehe, da stand ein Mann in glänzender Kleidung vor mir.*

> *Apostelgeschichte 13,3*
> *Da fasteten und beteten sie, legten ihnen die Hände auf und ließen sie ziehen.*

Apostelgeschichte 14,23
Nachdem sie ihnen aber in jeder Gemeinde Älteste bestimmt hatten, befahlen sie sie unter Gebet und Fasten dem Herrn an, an den sie gläubig geworden waren.

Ich habe dir diese Verse absichtlich gegeben, damit du die Sinnlosigkeit von Fasten ohne gleichzeitiges Gebet siehst.

Was wird Fasten tun?

Das ist eine sehr wichtige Frage. Ich bin aus tiefstem Herzen davon überzeugt, dass es Gottes Sinn NICHT verändert und ihn nicht zum Handeln bewegt. Ich weiß, dass es im Alten Testament Verse gibt, die wir diesbezüglich zitieren können. Aber: Wir müssen im Gedächtnis behalten, dass diese Menschen unter einem anderen Bund lebten, wo Gottes Segen noch auf Werken beruhte. Aufgrund des Neuen Bundes hat Gott bereits alle Begrenzungen von unserem Leben entfernt. Die einzigen Einschränkungen, mit denen wir es noch zu tun haben, sind diejenigen, die wir uns selbst auferlegen.

Wenn Fasten Gott also nicht dazu bewegt, für uns etwas zu tun, warum gibt es dann soviele Zeugnisse über erstaunliche Wunder, die geschahen, während Menschen fasteten und beteten? Ich werde dir gleich zeigen, dass Fasten nicht Gott verändert. Er muss nicht erst dazu überredet werden, etwas für seine geliebten Kinder zu unternehmen. Fasten verändert unsere eigenen ungläubigen Herzen und hilft uns, Gottes Glauben in uns zu beleben. Es ist diese Art von Senfkorn-Glauben, der durch Beten und Fasten aktiviert wird und der dann das Wunder geschehen lässt. Es hat nichts mit Gott zu tun, sondern mit unserem Glauben. Weil Gott uns ja keine Einschränkungen auferlegt, ist es der Unglaube in unserem Herzen, der das tut. Das Werk des Kreuzes und der Neue Bund sind perfekt und vollbracht.

Falsche Motive beim Fasten

Ich bezweifle nicht, dass wir von ausgedehnten Fastenzeiten sowie einem fastenden Lebensstil (also eine oder zwei Tage pro Woche) großartigen Nutzen haben. Bevor ich dir zeige, was Fasten bewirkt und wie es die Begrenzungen aus deinem Leben entfernt, muss ich dir jedoch sagen, warum wir nicht fasten sollten. Wenn ich dir das nicht mitteile und Menschen die Kraft verstehen, die durch Fasten in uns ausgelöst wird, könnten sie in Versuchung geraten, aus falschen Motiven zu fasten und in Selbstgerechtigkeit zu verfallen, was sehr schädlich ist.

Wir müssen nicht fasten, um das Fleisch zu bezwingen. Ich kann mir vorstellen, dass dies in einigen Köpfen nun Verwirrung verursacht. Ich selbst habe viele Predigten gehört, die verkünden, dass wir durch das Fasten das Fleisch kasteien und den Geist stärken. Mein Herz ist betrübt, wenn ich solche Botschaften höre, da dies eine Missachtung des Kreuzes ist. Wenn wir über Fleisch reden, meinen wir damit unsere sündige Natur, die durch Fasten nicht geschwächt werden kann. Der Grund ist ganz einfach: unsere alte Natur wurde mit Christus gekreuzigt, begraben und ist zur Neuheit des Lebens auferstanden. Wie kannst du einen toten Menschen kasteien? Das ist unmöglich. Wir überwinden die Sünde dadurch, dass wir dem Sieg des Kreuzes vollen Glauben schenken, ohne irgendwelche Taten - einschließlich Fasten - hinzuzufügen.

Wir sollten auch niemals fasten, um Gunst beim Herrn zu erlangen. Es gibt nichts, was wir jemals tun könnten, dass Gott dazu bringt, uns mehr zu lieben. Gott ist nicht von uns beeindruckt, weil wir lange Zeit gefastet haben. Eigentlich glaube ich, wenn wir Gnade wirklich verstehen würden, würden wir als Reaktion darauf noch mehr fasten. Aber dann wäre unser Motiv richtig, nicht falsch. Paulus hat seine Antwort auf Gnade so wunderbar in 1. Korinther 15,10 ausgedrückt:

Aber durch Gottes Gnade bin ich, was ich bin; und seine Gnade, die er an mir erwiesen hat, ist nicht vergeblich gewesen, sondern ich habe mehr gearbeitet als sie alle; jedoch nicht ich, sondern die Gnade Gottes, die mit mir ist.

Wir sollten auch niemals fasten, um Menschen zu beeindrucken. Genau davor warnte Jesus uns. Schon klar, dass wir Gewicht verlieren, wenn wir längere Zeit fasten und man wird es bestimmt bemerken. Aber wir sollten darüber nicht nachdenken. Jesus hat nicht gesagt: „Wenn Menschen sehen, dass ihr fastet, werdet ihr keinen Nutzen haben.“ Vielmehr sagte Er: „Wenn ihr aus dem Motiv fastet, dass andere euch sehen, dann habt ihr keinen Nutzen daraus.“ Nur Gott und du können die Motive deines Herzens beurteilen.

Weiter ist ein Fasten, um Gewicht zu verlieren, der völlig falsche Grund zu fasten. Wenn du übergewichtig bist, musst du deinen Lebensstil verändern und nicht ein ausgedehntes Fasten hinlegen, um Gewicht zu verlieren. Das wird sich nur durch neuerliche, rasche Gewichtszunahme rächen.

Fasten, um Gott zu überzeugen, uns etwas zu geben oder etwas für uns zu tun, ist ein üblicher, und dennoch falscher Grund. Uns wurde in Christus bereits alles gegeben. Denk daran, was Gott mir sagte: „Den ganzen Tag lang versuchen meine Kinder mich davon zu überzeugen, ihnen etwas zu geben, während ich den ganzen Tag lang versuche, sie davon zu überzeugen, dass ich ihnen bereits großzügig alles gegeben habe.“

Der letzte Grund, nicht zu fasten, den ich erwähnen möchte ist, mehr Autorität über den Feind zu bekommen. Wenn die Autorität über den Teufel von unserem Fasten abhängig wäre, hätten wir ein Evangelium der Werke. Jesus hat Satan am Kreuz besiegt und uns seine Vollmacht übergeben.

Was bewirkt Fasten?

Wenn also unser Fasten Gott auf keine Weise beeinflusst, warum sollten wir dann überhaupt fasten? Ich gebe dir einige Gründe dafür. Der erste und wichtigste ist, dass Fasten unser eigenes Herz verändert. Gott hat uns alles gegeben, aber wenn unsere Herzen nicht empfindsam genug für seine Stimme sind und Zugang zu diesen Segnungen haben, wird es uns wenig nützen. Matthäus 17,21 hat viele Christen verwirrt, wenn Jesus sagt, dass diese Art nicht ausfährt außer durch Fasten und Gebet. Sie haben daraus geschlossen, dass wir nur durch Fasten und Gebet Autorität über gewisse hochrangige Dämonen bekommen. Lass uns jedoch diese Schriftstelle in ihrem Zusammenhang betrachten, also die Verse 14-21:

> *Und als sie zur Volksmenge kamen, trat ein Mensch zu ihm, fiel vor ihm auf die Knie und sprach: Herr, erbarme dich über meinen Sohn, denn er ist mondsüchtig und leidet schwer; er fällt nämlich oft ins Feuer und oft ins Wasser! Und ich habe ihn zu deinen Jüngern gebracht, aber sie konnten ihn nicht heilen. Da antwortete Jesus und sprach: O du ungläubiges und verkehrtes Geschlecht! Wie lange soll ich bei euch sein? Wie lange soll ich euch ertragen? Bringt ihn her zu mir! Und Jesus befahl dem Dämon, und er fuhr von ihm aus, und der Knabe war gesund von jener Stunde an. Da traten die Jünger allein zu Jesus und sprachen: Warum konnten wir ihn nicht austreiben? Jesus aber sprach zu ihnen: Um eures Unglaubens willen! Denn wahrlich, ich sage euch: Wenn ihr Glauben hättet wie ein Senfkorn, so würdet ihr zu diesem Berg sprechen: Hebe dich weg von hier dorthin! und er würde sich hinwegheben; und nichts würde euch unmöglich*

> *sein. Aber diese Art fährt nicht aus außer durch Gebet und Fasten.*

Die Jünger versuchten, einen Dämon auszutreiben, konnten es aber nicht tun. Jesus kommt ins Bild und der Dämon muss unverzüglich gehen. Das störte seine Jünger und sie wollten wissen, warum sie es nicht geschafft hatten. Schau mal, wie einfach das ist. Sie stellen eine einfache Frage und Jesus gibt ihnen eine klare Antwort, die im Vers 20 geschrieben steht:

> *Jesus aber sprach zu ihnen: „Um eures Unglaubens willen! Denn wahrlich, ich sage euch: Wenn ihr Glauben hättet wie ein Senfkorn, so würdet ihr zu diesem Berg sprechen: „Hebe dich weg von hier dorthin!“ und er würde sich hinwegheben; und nichts würde euch unmöglich sein (Hervorhebung von mir).*

Könnte es noch deutlicher sein? Jesus sagte ihnen, sie hätten wegen ihres Unglaubens den Dämon nicht austreiben können. Ganz einfach! Er sagte nicht, wegen eures Unglaubens und weil ihr nicht fastet und betet. Er sagte nur, wegen eures Unglaubens. Dann, im Vers 20, gibt er Ihnen eine Lektion über Senfkornglauben und schließt dann: „Wenn du diese Art von Glauben hast, wird dir nichts unmöglich sein.“ So sieht das Leben ohne Begrenzungen aus.

Was viele Christen verwirrt, ist der Teil in Vers 21, wo Jesus sagt: *„Diese Art fährt nicht aus außer durch Gebet und Fasten.“* Offensichtlich kann Jesus sich selbst nicht widersprechen. Entweder war es Unglaube oder nicht. Für mich ist ganz klar, dass Jesus bereits das Thema gewechselt hat, weg vom Dämon hin zu Unglauben und Glauben. Hier spricht er über einen Unglauben, der deinem Leben Grenzen auferlegen wird und dich unter den Druck dämonischer Festungen bringt.

Die Worte „Diese Art“ haben sich nicht auf diese Art von Dämon bezogen, sondern auf diese Art des Unglaubens. Wir können die Wort „diese Art“ auf verschiedene Weise gebrauchen, wie z.B. diese Art Kaffee, diese Art Geld, diese Art Dämon oder eben diese Art Unglauben. Nachdem Jesus klar gemacht hatte, dass nur tief im Herzen der Jünger verwurzelter Unglaube das Problem war, hat er diese Art von Unglauben angesprochen. Schon als Jesus in dieser Geschichte erschien, war er über ihren Unglauben erzürnt, wie wir in Vers 17 sehen:

> *Da antwortete Jesus und sprach: O du ungläubiges und verkehrtes Geschlecht! Wie lange soll ich bei euch sein? Wie lange soll ich euch ertragen?*

Indem wir lernen, uns durch Fasten und Gebet intensiv mit Gott zu verbinden, wird dieser Unglaube aus unserem Herzen weichen.

Bereits als Kind hatte ich ein tiefes Verlangen nach einem übernatürlichen Leben. Es gab niemanden, der mich über Berg bewegenden Glauben gelehrt hätte (welcher Senfkornglaube heißt), da die meisten Gemeinden klein und religiös und voller Unglauben waren. Intuitiv fühlte ich mich vom Geist geleitet, einen Lebensstil mit intensivem Fasten zu führen. Dabei veränderte sich mein Herz nach und nach bis zu dem Punkt, an dem Unglaube mein Herz zu verlassen begann. Wunder begannen vermehrt zu geschehen - nicht weil Gott auf mein Fasten reagierte, sondern weil mein ungläubiges Herz gereinigt wurde. Diese Wunder waren immer zum Greifen nahe, da Christus bereits für sie bezahlt hatte.

Kapitel 20

Eine neue Generation kommt hervor

Bevor ich jedoch über diese neue Generation spreche, möchte ich meine Lektion über das Fasten noch abschließen. Lass uns die Behauptung aus Matthäus 17,21 („diese Art" bezieht sich auf Unglauben und nicht auf Dämonen) aus dem vorhergehenden Kapitel beenden. Ich möchte dir noch einen letzten Beweis liefern. Als die Jünger mit Jesus unterwegs waren, taten sie keine Wunder, sondern beobachteten ihn lediglich. Ich habe nur einen Bericht in Matthäus 10,5-8 gefunden, wo Jesus sie eigens beauftragt hatte, hinzugehen um zu predigen und Wunder zu tun:

> *Diese zwölf sandte Jesus aus, gebot ihnen und sprach: Begebt euch nicht auf die Straße der Heiden und betretet keine Stadt der Samariter, geht vielmehr zu den verlorenen Schafen des Hauses Israel. Geht aber hin, verkündigt und sprecht: das Reich der Himmel ist nahe herbeigekommen! Heilt Kranke, reinigt Aussätzige, weckt Tote auf, treibt Dämonen aus! Umsonst habt ihre es empfangen, umsonst gebt es.*

Die Jünger machten diese Erfahrung, bevor sie mit der Situation des dämonisierten Jungen aus Matthäus 17 konfrontiert wurden. Ich glaube, dass sie die Wunder nicht aus ihrem eigenen Glauben heraus taten, sondern einfach in der delegierten

Autorität Christi in dieser Zeit agierten. Als sie dann mit der schwierigen Situation des Jungen konfrontiert waren, waren sie so stolz auf sich selbst und dachten, sie könnten wiederholen, was sie zuvor vollbracht hatten. Jedoch brauchte dieses Wunder ihren eigenen Glauben, und der fehlte. Deswegen hat Jesus sie wegen ihres Unglaubens getadelt.

Warum sollten wir noch fasten?

Fasten ist auch ein Zeichen unserer Hingabe. Ich faste nicht, um etwas von Gott zu bekommen, sondern um ihm durch mein hingegebenes Leben zu zeigen, dass er allein würdig ist. Als Jesus gefragt wurde, warum seine Jünger nicht fasten, während die Pharisäer und die Jünger des Johannes oft fasteten, war seine Antwort wie immer wunderbar. Diese Geschichte wird uns in Matthäus 9,14-15 erzählt:

> *Da kamen die Jünger des Johannes zu ihm und sprachen: Warum fasten wir und die Pharisäer so viel, deine Jünger aber fasten nicht? Und Jesus sprach zu ihnen: Können die Hochzeitsgäste trauern, solange der Bräutigam bei ihnen ist? Es werden aber Tage kommen, da der Bräutigam von ihnen genommen sein wird, und dann werden sie fasten.*

Das Wort für „trauern" bedeutet hier, traurig über einen Verlust zu sein, so wie wenn du jemand geliebten verlierst und seinen Tod beweinst. Ich weiß nicht, wie es dir geht, aber mein Herz schreit aus dem tiefsten Inneren: „Maranatha, komm lieber Herr Jesus!" Jesus geht jetzt nicht physisch unter uns umher. Der Bräutigam ist abwesend. Jesus sagte uns, dass sie fasten würden, wenn er weg wäre und es würde dies ein Zeichen ihrer Sehnsucht nach seiner Wiederkehr sein. Einer der Gründe für mein Fasten ist, meine tiefe Liebe und Sehnsucht für meinen Bräutigam auszudrücken. Mein Herz hat Heimweh nach dem Himmel. Ich seufze aus meinem Innersten, weil ich mich so danach sehne, mit dem Liebhaber meiner Seele auf ewig vereint zu sein. Wenn ich faste, ist es oft so, dass die Sehnsucht nach ihm größer ist als die Sehnsucht nach Essen.

Demütig vor Gott

In Esra 8,21 wird uns gesagt, dass Fasten bedeutet, sich vor Gott zu demütigen:

> *Und ich ließ dort an dem Fluss Ahawa ein Fasten ausrufen, dass wir uns demütigten vor unserem Gott, um von ihm einen geebneten Weg für uns und unsere Kinder und alle unsere Habe zu erflehen.*

Sich zu demütigen bedeutet, sich zu beugen und zuzugeben, dass wir in Bedrängnis sind. Wir müssen uns ständig daran erinnern, wie dringend wir Gottes überfließende Gnade brauchen. Auch Petrus warnt uns in 1. Petrus 5,5, dass den Hochmütigen widerstanden wird und die Demütigen Gnade erlangen:

> *Ebenso ihr Jüngeren, ordnet euch den Ältesten unter; ihr alle sollt euch gegenseitig unterordnen und mit Demut bekleiden! Denn «Gott widersteht den Hochmütigen; den Demütigen aber gibt er Gnade».*

Körperliche Disziplin

Fasten ist eine wichtige körperliche Disziplin, und der letzte Grund zum Fasten, den ich dir nahelegen möchte. Fasten züchtigt nicht unsere fleischliche, sündige Natur, sondern unseren

Körper. Ich bin ein großer Verfechter strenger körperlicher Disziplin. Ohne sie können wir uns meiner Meinung nach nicht an allem erfreuen, was uns in Christus gehört, und wir werden Einschränkungen haben. Paulus war ein großes Beispiel in diesem Bereich, wie er uns in 1. Korinther 9,27 sagt:

> *... sondern ich bezwinge meinen Leib und beherrsche ihn, damit ich nicht anderen verkündige und selbst verwerflich werde.*

Als ich über das vollendete Werk des Kreuzes zu lehren begann, sagten Menschen zu mir: „Wir müssen uns nicht disziplinieren, da ja jetzt alles durch Gnade geschieht und uns bereits durch den Neuen Bund gegeben wurde." Dem stimme ich überhaupt nicht zu. Wenn Bill Gates dir Vollmacht über alle seine Besitztümer gibt, indem er dir seine Kreditkarte aushändigt, kannst du auf zweierlei Art reagieren: 1) du kannst spät aufstehen, den ganzen Tag in deinem Pyjama umherlaufen, Pornos im Fernsehen anschauen und dazu Popcorn essen. Du wirst niemals genießen, was dir gegeben wurde. 2) kannst du diszipliniert sein, früh aufstehen, eine Liste von all den Dingen machen, die du dir an diesem Tag durch den Gebrauch der Kreditkarte aneignen wirst, und das Haus verlassen. Jetzt kannst du den Tag damit verbringen, ein neues Haus oder Auto zu kaufen und alles, was du brauchst, um ein großartiges Leben zu führen. Es wurde dir bereits gegeben, aber du musst es dir aneignen.

Ich bin lieber die zweite Person. David Yonggi Cho, der Gründer und Pastor der größten Gemeinde der Welt mit über einer Million Mitgliedern, war für seine rigorose körperliche Disziplin bekannt. Er hat sich geweigert, abends noch Zeit mit Freunden zu verbringen, damit er früh aufstehen und beten konnte. Ich weiß das, denn der Mann, der ihn für den Dienst zurüstete und ordinierte sowie aussandte, eine Gemeinde zu gründen, war auch viele Jahre lang einer meiner geistlichen

Mentoren. Er lebte etwa 30 Jahre lang in Korea und war dann jahrelang Teil meiner Gemeinde in Österreich, wo wir auch zusammenarbeiteten. Er hatte großen Einfluss auf mein Leben und ich hörte ihm aufmerksam zu, wenn er mir über das Leben von Yonggi Cho erzählte.

Eine neue Generation steht auf

Tief in mir gibt es eine starke Überzeugung, die sich sowohl auf das Studium der Bibel als auch auf einige prophetische Begegnungen stützt, die ich mit dem Herrn hatte. Ich glaube, dass die Wiederkunft Christi näher ist als wir denken. Aber bevor das Ende kommt, werden wir die größte Ernte in der Geschichte der Menschheit erleben. Die Generation, die jetzt hervorkommt, geht zügig vor, bleibt auf ihre Aufgabe fokussiert, wandelt im absoluten Gehorsam gegen den Herrn, arbeitet in Verbindung mit den Engeln und wird willig sein, ihr Leben um Christi willen zu geben. Sie werden ohne Begrenzungen voranschreiten, während sie mit der geistlichen Welt, einschließlich des Himmels, so natürlich interagieren wie mit der sichtbaren Welt. Ich habe diese Generation vor mehr als 30 Jahren ganz deutlich in einer Vision gesehen.

Wir müssen uns dessen bewusst sein und uns daran erinnern, dass der Herr uns nicht für egoistische Zwecke lehrt, ohne Begrenzungen zu leben. Wenn du lernst, so zu leben, wie ich es in diesem Buch lehre, wird es eine normale Folgeerscheinung sein, wohlhabend, gesund und als Überwinder zu leben - aber es wird nicht der Endzweck sein. Der größere und wichtigere Grund wird es sein, Teil dieser neuen Generation zu werden, die sich jetzt formt. Mein Herz brennt dafür, an dieser Generation teilzuhaben und ich hoffe, auch deines fühlt gleich. Wenn es auch die Sehnsucht deines Herzens ist, dann ermutige ich dich, das Buch jetzt hinzulegen, dich hinzuknien als Zeichen deiner

Demut vor dem Herrn und von Herzen darum zu bitten und ihm zu sagen, dass es dein Verlangen ist, Teil dieser Generation zu sein. Sag ihm, dass du bereit bist, alles dafür zu tun, sogar dein Leben für Ihn niederzulegen.

Römer 8 ist wohl eines der kraftvollsten Kapitel der Bibel, vollgepackt mit erstaunlichen Offenbarungen und vollkommener Theologie, alles in einem Kapitel. Christen überall auf der Welt haben in Zusagen aus diesem Kapitel großen Trost gefunden: *„Es gibt daher keine Verdammnis"*, *„Wir haben den Geist der Sohnschaft empfangen, in dem wir rufen: Abba, Vater"*, *„Der Heilige Geist verwendet sich für uns"*, *„Alle Dinge dienen zum Besten"*, *„Wenn Gott für uns ist, wer kann gegen uns sein"*, *„Wir sind mehr als Überwinder"* und *„Nichts kann uns von der Liebe Gottes trennen."* Es gibt da einen Vers, der seit langem meine volle Aufmerksamkeit hat, nämlich Vers 19:

> *Denn die gespannte Erwartung der Schöpfung sehnt die Offenbarung der Söhne Gottes herbei.*

Da gibt es also eine Schöpfung mit einer ernsthaften Erwartung, was soviel heißt wie ein dringendes Erwarten, dass die Söhne Gottes offenbar werden. Das Wort für „Schöpfung" ist hier dasselbe Wort, das in Markus 16,15 gebraucht wird, wo Jesus uns aufträgt, der ganzen Schöpfung das Evangelium zu predigen. Wir wissen, dass Schöpfung hier Menschen meint. All die verlorenen Menschen der Welt, zu denen wir berufen sind, das Evangelium zu predigen, warten verzweifelt auf etwas, ohne zu wissen, worauf. Sie warten darauf, dass diese Armee sich erhebt, die Offenbarung der Söhne Gottes. Inzwischen versuchen sie krampfhaft, die Sehnsucht ihres Herzens mit all den sündigen Dingen, die diese Welt anbietet, zufriedenzustellen. Wir müssen begreifen, dass wir einen Wandel vollziehen müssen vom einfachen, evangelisierenden Christsein hin zu offenbar gewordenen Söhnen Gottes, die in der Autorität des Himmels wandeln. Der Apostel Johannes sagt genau das in Johannes 2,6, wo steht:

> *Wer sagt, dass er in ihm bleibt, der ist verpflichtet, auch selbst so zu wandeln, wie jener gewandelt ist.*

Wenn wir dazu berufen sind, so wie Jesus zu wandeln, glaubst du nicht, dass wir ein Leben ohne Begrenzungen leben sollten? Jesus war durch nichts auf der Erde begrenzt. Wenn Versorgung nötig war, dankte er einfach seinem Vater, und das Wunder der Vermehrung geschah. Als der Sturm bedrohlich war, hat er einfach Autorität über die Natur ausgeübt. Er heilte die Kranken, trieb Dämonen aus, interagierte mit Engeln und ging auf dem Wasser. Die Armee, die sich jetzt erhebt, wird wandeln wie Jesus wandelte.

Wir müssen aufhören, uns in jeder Krise auf das Natürliche für eine Lösung zu verlassen, sondern vielmehr in angewandtem Glauben wandeln. Johannes geht sogar noch weiter in seiner Herausforderung an uns, so wie diese neue Generation zu leben. In 1. Johannes 4,17 steht:

> *Darin ist die Liebe bei uns vollkommen geworden, dass wir Freimütigkeit haben am Tag des Gerichts, denn gleichwie er ist, so sind auch wir in dieser Welt.*

Hier sagt er uns nicht, dass wir in dieser Welt so sind, wie er war. War ist Vergangenheitsform, aber er stellt das in die Gegenwartsform. Wir verstehen, dass Jesus zur Zeit dieses Schreibens bereits auferstanden war und zur rechten Hand Gottes saß, hoch über jeder Autorität, Macht und Gewalt. Johannes sagt hier, dass wir in dieser Welt genauso sind (also jetzt gerade) wie Jesus es jetzt ist (Gegenwart). Es ist Zeit für diese Generation, sich in der Autorität und Macht zu erheben, die ihnen bereits gegeben wurde. Jesus hat seine Autorität an uns weitergegeben. Hätten wir diese Autorität in der Welt genutzt, wäre sie wohl jetzt ein anderer Ort. Diese neue Generation wird in dieser gottgegebenen Autorität wandeln und die größte Ernte aller Zeiten einfahren sowie letztendlich auch die Wiederkehr Christi vorbereiten.

Kapitel 21

Danksagung

Schau dir mit mir diese gewaltige Bibelpassage aus Psalm 100,1-4 an:

> *Jauchzt dem HERRN, alle Welt! Dient dem HERRN mit Freuden, kommt vor sein Angesicht mit Jubel! Erkennt, dass der HERR Gott ist! Er hat uns gemacht, und nicht wir selbst, zu seinem Volk und zu Schafen seiner Weide. Geht ein zu seinen Toren mit Danken, zu seinen Vorhöfen mit Loben; dankt ihm, preist seinen Namen!*

(Hervorhebung von mir)

Wie kommen wir in seine Gegenwart? Mit Danken und Loben. Es ist eine Wahl, Gott zu danken und zu loben in ALLEN Umständen unseres Lebens, was uns sogleich in seine „manifestierte" Gegenwart bringt. Wenn Danksagung uns in seine manifestierte Gegenwart bringt, dann hält Jammern uns davon fern. Seit dem Neuen Bund lebt der Herr in uns, und durch Danksagung und Loben verbinden wir uns mit seiner Gegenwart.

Ich hatte einige prophetische Erfahrungen in meinem Leben, einschließlich solcher, bei denen ich in den Himmel aufgenommen wurde. In der geistlichen Welt gibt es Töne, Farben und Gerüche, die du dir nicht einmal vorstellen kannst. Unser Leben gibt Aromen in die geistliche Welt frei, die Dämonen entweder anziehen oder abstoßen. Diese Gerüche werden durch unsere Haltung und Taten, ja sogar unsere Gedanken, freigesetzt.

Wenn wir in Gehorsam oder Ungehorsam gegenüber Gottes Wort leben, werden Gerüche aus unserem Geist freigesetzt. All die bösen Gerüche und der Gestank, der von uns kommt, wird dämonische Aktivität anziehen, weil ihr Bereich jener von Dunkelheit und übelstem Gestank ist. Sie fühlen sich in solcherart Atmosphäre wohl. Jammern und Murren lösen einen üblen Geruch in unserm Leben los, den du mit deiner natürlichen Nase nicht riechen kannst, aber die geistliche Welt riecht es sehr wohl.

Viele Male wurde ich gefragt: „Kann der Teufel unsere Gedanken lesen?“ Das braucht er nicht, da wir ständig Gerüche freisetzen, und schon dadurch weiß er, was in uns vorgeht. Murren ergibt einen fürchterlichen Gestank, der dämonische Aktivität geradezu anzieht. Meiner Erfahrung und Meinung nach ist einer der schlimmsten Gerüche derjenige des Selbstmitleids. Wir müssen diesen Gestank unbedingt vermeiden. Aber es gibt auch erstaunlich angenehme Düfte, die von unserem Leben strömen und Dämonen vertreiben, aber Engel anziehen. Einer dieser Düfte ist der des Lobpreises und Dankes, besonders inmitten von Schwierigkeiten. Der Feind kann diesen wunderbaren Duft nicht ausstehen; er fühlt sich fürchterlich unwohl dabei und flieht.

Die Bibel ist voller Verse, die uns auftragen, ein Leben in Dankbarkeit und Lobpreis zu leben, nicht nur in guten Zeiten, in denen wir alle Wünsche erfüllt haben, sondern IMMER!!! Es muss zu einem Lebensstil werden, damit Danken in jeder Situation unseres Lebens als automatische Reaktion aus unserem Herzen und von unseren Lippen kommt. Lass mich dir einige Verse zeigen, die das ganz deutlich machen:

Kolosser 2,7 besagt:

> *...gewurzelt und auferbaut in ihm und gefestigt im Glauben, so wie ihr gelehrt worden seid, und seid darin überfließend mit Danksagung.*

Uns wird nicht einfach aufgetragen, dankbar zu sein, sondern darin überfließend zu sein. Überzufließen bedeutet, mehr als genug zu haben. Schauen wir uns den nächsten Vers an, der ebenso sehr klar ist: Kolosser 4,2 sagt:

> *... seid ausdauernd im Gebet und wacht darin mit Danksagung.*

Wie viele Christen sind ausdauernd im Gebet und doch ohne Danksagung? Das bewirkt, dass wir problemorientiert anstatt lösungsorientiert beten. Wenn wir unser Leben in einer radikalen Haltung der ständigen Dankbarkeit verbringen, dann verlagert sich unser Blickwinkel weg vom existierenden Problem hin zum vollendeten Werk am Kreuz!

Danksagung und Lobpreis sind wie Waagschalen - sie müssen in Balance gehalten werden. Wenn du dein Gebetsleben nur mit Bitten verbringst, bist du außer Balance. Menschen sehen die Antwort auf ihr Gebet oft nicht, weil durch den Mangel an Dankbarkeit ihr Herz sie so sehr auf die Schwierigkeit blicken lässt, dass dadurch unbemerkt Unglauben in ihr Herz einziehen kann. Halte deine Waage im Gleichgewicht, indem du Gott immerzu dankst! Beginne deine Gebetszeit mit ausgiebiger Danksagung! Ich habe mir das vor vielen Jahren angewöhnt. Wenn meine Frau Debi und ich gemeinsam beten, verbringen wir viel Zeit damit, für alles zu danken, was uns in den Sinn kommt.

Ich könnte dir unzählige Geschichten über die Kraft des Dankens und die damit verbundenen erstaunlichen Wunder erzählen. Aber lass mich hier nur eins erzählen. Als Gott uns auftrug, von den USA nach Brasilien zu ziehen, hatten wir ein Haus in den USA, das wir verkaufen mussten. Wir hatten das Haus erst sieben Jahre besessen und mussten der Bank jeden Monat Kreditraten bezahlen. Als wir versuchten, das Haus zu verkaufen, stießen wir auf ein Problem. Der Immobilienmarkt in den

USA war schlecht, da die Wirtschaft in einer Krise war. Wir haben unser Haus auf den Markt gebracht und sechs Monate lang schaute es niemand an. So zogen wir nach Brasilien, ohne dass das Haus verkauft war. Wir mussten dennoch monatlich unsere Raten bezahlen, obwohl wir nicht einmal in dem Haus lebten und auch kein Einkommen in den USA hatten. Wir hatten den Preis bereits dreimal gesenkt, und wenn wir nochmals runtergegangen wären, hätten wir Geld verloren, was soviel heißt wie: monatlich Raten an die Bank zu bezahlen, obwohl kein Haus mehr da war. Als ich über den Hausverkauf betete, sprach der Herr durch 1. Thessalonicher 5,16-18 deutlich zu mir, wo steht:

> *Freut euch allezeit! Betet ohne Unterlass! Seid in allem dankbar, denn das ist der Wille Gottes in Christus Jesus für euch.*

Er sagte: „Du hast gebetet, aber dich nicht gefreut und bedankt. Gebet ist nur ein Teil, während die zwei anderen Teile Freude und Danksagung sind. Glaubst du, ich hätte dich nicht schon beim ersten Mal gehört, als du mich gebeten hast, das Haus zu verkaufen?“

Also beschloss ich in meinem Herzen, dass ich nicht mehr darüber beten würde, sondern entschied mich einfach dazu, mich zu freuen, zu danken und alles in den guten und mächtigen Händen des Herrn zu belassen. Zwei Tage später wollten zwei Leute das Haus kaufen und boten an, den vollen Kaufpreis zu bezahlen, was ungewöhnlich ist, weil normalerweise verhandelt wird. Die Frau, die das Haus kaufen wollte, unterschrieb den Vertrag mit der Auflage, das Haus überprüfen zu lassen und nur dann zu kaufen, wenn das Haus in Ordnung sei. Das ist in den USA üblich. Also ließ sie eine Firma kommen, die jedes Detail des Hauses inspizierte und mir eine Auflistung von nötigen

Reparaturen zukommen ließ, was lächerlich war, da das Haus in gutem Zustand war.

Sie sagte, sie würde das Haus nur kaufen, wenn ich alle gelisteten Dinge reparieren würde. Als ich mir die lange Liste anschaute, überkam mich momentan ein Gefühl der Frustration. Hätte ich alle diese Dinge erledigt, hätte ich Geld am Haus verloren. Entgegen meinem natürlichen Empfinden und jeder religiösen Regung weigerte ich mich, darüber zu beten, sondern marschierte stattdessen umher und bedankte mich für die email. Ich sagte: „Herr, dein Wort sagt, dass ich mich für ALLES bedanken soll, daher werde ich deinem Wort gehorchen und dir weiter für diese schreckliche email danken."

Der Makler, der in unserem Auftrag das Haus verkaufte, ließ eine Baufirma kommen, die schon während unserer Zeit im Haus Aufträge ausgeführt hatte, um ein Angebot für die Reparaturen einzuholen. Einige Tage später erfuhr ich in einer Email den Betrag. Es handelte sich um eine hohe Summe, tausende Dollar. Aber am Ende der Email stand, dass die Baufirma die Arbeiten gratis ausführen würde, einschließlich der Übernahme der Materialkosten. Ich könnte dir unzählige solcher Geschichten von Wundern erzählen, die geschahen, wenn ich mich entschloss, Gott zu gehorchen und einfach in ALLEN Dingen Dank zu sagen.

In unserem Christenleben haben wir so vieles verkehrt gemacht. Oft haben wir uns gefreut und gedankt, NACHDEM alles gut gegangen war. Das ist überhaupt nicht das, was die Bibel uns lehrt, und schon gar nicht ist es ein Ausdruck von Glauben. Unser Dank sollte nicht von Umständen abhängig sein, sondern vollkommen unabhängig davon, weil wir einem allmächtigen Gott dienen und wir den Anweisungen der Bibel gehorchen sollen, die uns aufträgt, immer dankbar zu sein. Es ist oft so, dass Menschen sagen „Gott ist so gut!", nachdem Gutes geschehen ist. Ja, das ist er, aber das hat nichts mit Umständen zu tun. Dieses Bekenntnis sollte beständig auf unseren Herzen und Lippen sein, einfach weil er gut ist!

Lass mich dir noch einen Bibelvers zeigen, den viele Pastoren nicht akzeptiert haben. Sogar auf der Bibelschule im Jahr 1982 versuchte einer meiner Lehrer mich davon zu überzeugen, dass dieser Vers nicht wörtlich genommen werden kann. Schau dir Epheser 5,20 an, wo steht:

> *„Sagt allezeit Gott, dem Vater, Dank für alles, in dem Namen unseres Herrn Jesus Christus."*

Das ist die aktive Form in der griechischen Grammatik, was bedeutet, es hat nichts mit unseren Gefühlen zu tun, sondern ist eine Entscheidung, die wir treffen. Hier geht klar hervor, dass wir nicht nur IN allen Dingen dankbar sein sollen, wie uns in Thessalonicher aufgetragen wird, sondern FÜR alle Dinge. Menschen versuchten mich oft davon zu überzeugen, dass wir nicht FÜR die schlimmen Dinge in unserem Leben dankbar sein sollen, sondern trotz ihnen. Ich bin nicht bereit, die Bibel zu ändern, nur weil es sich nicht gut anfühlt. Unser Leben muss sich verändern und sich den Aussagen der Bibel anpassen. Wenn du glaubst, dass Römer 8,28 wahr ist und ALLE Dinge zu unserem Besten wirken, dann kannst du auch FÜR alles danken. Wenn du nicht FÜR alles dankst, bezweifle ich, dass du wirklich glaubst, dass ALLES zu deinem Besten dient.

Ich schließe dieses Kapitel nun in dem Vertrauen ab, dass dein Leben sich bereits verändert hat, weil du Begrenzungen aus deinem Leben entfernt und deine Art zu beten verändert hast, durch angewandten Glauben zu leben gelernt hast und es dir zur Gewohnheit gemacht hast, für alles zu danken. Der Himmel ist ein Ort des Lobens und der Danksagung ohne jegliches Jammern. Nachdem ich dorthin unterwegs bin, habe ich beschlossen, jetzt schon zu üben, wie ich dort leben werde. Es ist nicht nur eine klare biblische Anweisung, sondern bewirkt auch etwas anderes. Es löst eine Atmosphäre von Himmel auf Erden aus, was wunderbar ist.

Kannst du dir vorstellen, wie diese Welt aussehen würde, wenn kein Christ sich jemals über irgend etwas beklagt, sondern stets Gott danken würde? Wir wären für diese verlorene Welt sehr anziehend.

Lass uns noch eine Bibelstelle aus 1. Timotheus 2,1 anschauen, die besagt:

> *So ermahne ich nun, dass man vor allen Dingen Bitten, Gebete, Fürbitten und Danksagungen darbringe für alle Menschen, für Könige und alle, die in hoher Stellung sind, damit wir ein ruhiges und stilles Leben führen können in aller Gottesfurcht und Ehrbarkeit.*

Paulus trägt uns hier nicht nur auf, für Regierungsträger zu beten, sondern auch für sie zu danken. Paulus lebte in Zeiten von sehr korrupten Regierungen, die Christen verfolgten, und dennoch schrieb er, inspiriert vom Heiligen Geist, dass wir für sie danken sollten. Ich habe so viele Beschwerden von befreundeten Christen über korrupte und egoistische Regierungen gehört, aber niemals habe ich Dank für sie vernommen. Wir haben kein Recht dazu, über unsere Regierungen zu schimpfen, egal wie korrupt sie sind, da dies klar gegen die Lehre der Bibel verstößt. Die Gemeinde sollte Salz und Licht sein und Städte und Nationen durch die Macht des Evangeliums verändern.

Bitte beteilige dich am Start meiner radikalen Bewegung von Danksagung, die eine radikale Entscheidung trifft, nicht zu jammern oder zu kritisieren, sondern in allem und für alle Dinge dankbar zu sein!

Unsere Empfehlungen:

Reinhard Hirtler
Leben aus der Fülle des Neuen Bundes

Dies ist ein Buch, welches Grenzen sprengt, auf Neues hinweist und das Potential hat lebensverändernd zu sein, weil du siehst, was Gott dir geschenkt hat.
Die Worte "Es ist vollbracht" waren keine Theorie sondern sind die Praxis für dein Leben - ein Leben in der Fülle des Segens Gottes!

Preis: 13,50 € | ISBN: 9783926395863

Reinhard Hirtler
Der richtige Umgang mit Prophetie

Dieses Buch stellt einen Leitfaden für jeden Gläubigen dar, wie er im prophetischen Dienst aktiv werden und wachsen kann. Es zeigt, dass jeder Christ Gottes Stimme hören und damit die Gemeinde ermutigen und erbauen kann.

Preis: 12,50 € | ISBN: 9783926395757

Reinhard Hirtler
Gottes übernatürliche Versorgung

Durch dieses Buch wirst du erfahren, dass Gott unbedingt Wohlstand und Wohlergehen für dich möchte, damit du alles hast, was du brauchst, um seinen Willen in deinem Leben umsetzen zu können.

Preis: 14,00 € | ISBN: 9783926395764

Ricardo Rodriguez
Vom Heiligen Geist berührt

In diesem Buch beschreibt Pastor Ricardo Rodriguez seine persönliche Beziehung zum Heiligen Geist. Er berichtet davon, wie seine Beziehung zum Heiligen Geist sein Leben, seine Familie und seinen Dienst verändert hat. *"Rodriguez bringt nicht viele gute Ideen, sondern die einzig entscheidende Antwort auf die Leere in den Herzen und vieler christlichen Gemeinden in unserem Land." - Wolfhard Margies im Vorwort*

Preis: 9,95 € | ISBN: 9783926395603

Bärbel Ferch
Erlebter Glaube - erlebte Heilung

In diesem Buch beschreibt Bärbel Ferch anhand von Gottes Wort, dass Heilung Gottes Wille für alle Menschen ist. Das Buch enthält viele persönliche Beispiele und Zeugnisse. Es ist eine Ermutigung für alle, die Gottes Wirken mehr erleben möchten.

Preis: 4,95 € | ISBN: 9783926395672

Viele weitere Bücher finden Sie in unserem kostenlosen Katalog.

Bestellung & kostenlose Kataloganforderung:

Aufbruch-Verlag
Gemeinde auf dem Weg e.V.
Waidmannsluster Damm 7c-e
13507 Berlin
Tel. : 030 857 91 9 444
Fax: 030 857 91 9 80
E-Mail: info@gadwmedien.de
Webshop: www.gadwmedien.de

Informationen zu Büchern und Autoren:
www.aufbruch-verlag.de